SAFEKEEPING OF MONEY

貯められない人の家計管理

このままだと…
将来、不安！

JN217258

朝日新聞出版

キリ子の

EPISODE

お金が貯まらないエピソード 1

残高不足で引き落としができず、クレジットカード会社から電話が……

申し訳ありませんが、残高不足で引き落としできません
あっ！スミマセン
今日中に口座に入金しておきます
あ〜、またか、やんなっちゃう
この間、ボーナスで定期預金をつくったばっかりなのに、解約しなくちゃ
せっかくの定期預金がパーに

キリ子の

EPISODE

お金が貯まらないエピソード❷

安物買いの銭失いで、イマイチ満足できない買い物をする

SALE
50% OFF
でも、すぐに飽きる予感が……
SALE
50% OFF
まっ、これでもいいか〜！

キリ子の

EPISODE

お金が貯まらないエピソード❸

車を所有するより安上がりだとタクシーをちょいちょい利用

友人宅に行く
ちょっと遠いな～
タクシーで行こーっと
今月もタクシー代に結構使っちゃったな～
でも、維持費がかかる車をもつより、安上がりよね
あ～勘違いで、今月も貯金ゼロ。残念！

キリ子の

EPISODE

お金が貯まらないエピソード 4

旅行に誘われると、お金がなくても行っちゃう（汗）

給料日まで
あと3日、
なんとか
しのがなくちゃ
あとさき考えずに
行ったせいで、
すっからかんに……

EPISODE

お金の妖精レディ・マニー登場★

貯まらない人生を歩み続けてきたキリ子の大逆転は、果たしてあるのか!?

私は、お金の妖精
レディ・マニー
キリ子さん、お金の貯め方を私といっしょにお勉強しましょう！
この続きはP19から
To be continued...

CONTENTS

STAGE 3 この通りにすれば必ず貯まるお金の貯め方

STAGE 4 お金が貯まる小さな習慣

STAGE 5 知っていると貯まるお金のあれこれ

登場人物

キリ子

34歳。大学を卒業後、中堅メーカーに就職。現在の手取り月収25万円。貯金ゼロ円。

レディ・マニー

お金の妖精。貯められない女子のもとに現れて、お金の貯め方を指南してくれる救世主。

・本書の情報は2017年7月現在の編集部調べによるものです。
・本書の情報は、特定の商品についての投資や売買の推奨をしたものではありません。

STAGE
1

どうしてお金が貯まらないの？

貯まらない人の共通点から、
あなたがお金を貯められない理由《ワケ》を解き明かします。

収入が少ないから貯まらないワケじゃない！

お金を貯められないのには理《ワ》由《ケ》がある

わたし、ムダ使いなんかしてないし、これといった贅沢もしてないのに、
お金が貯まらないのよね。どうしてだろ？

キリ子さんと同じようなことを言う人って、結構いるのよね。
本気でお金を貯めたいと思ってる？

もちろんよ。シャンプーやトイレットペーパーだって、
ドラッグストアの特売日に買うし、ポイントだって集めているし、
お肉だってお買い得の大量パックを買ってるし。

節約しようと頑張っているのね。
でも、安売りしているからと、日用品のストックを買いすぎてない？

そう言われれば……。
でも、シャンプーやトイレットペーパーは腐るもんじゃないし、
なくなったとき特売してなくて、定価で買うことになったらもったいないじゃない？

ドラッグストアの特売は定期的にやっているから、
そのサイクルを把握すれば、焦って買わなくても大丈夫よ。
特売品を買いだめしたせいで、赤字になっては本末転倒よ。

なるほど、私が貯められないのはトイレットペーパーのせいだったのね。
思わぬところに犯人が潜んでたってわけね。
金輪際、トイレットペーパーは買いだめしません！（キッパリ！）

う〜ん、それだけじゃないと思うけどな〜。
ドラッグストアでためたポイント、ちゃんと使ってる？

いや〜、それが……。
安売りしているお店を見つけると、つい買っちゃうから、
ポイントカードはふえるんだけど、1軒1軒のお店のポイントはなかなかたまらなくて。
それに、使おうとしたら期限切れになっていて、アハハ、まいったな〜。

お店を絞った方がポイントは効率よくたまるのよ。
あと、大量パックのお肉、ちゃんと食べきってる？

ごはん会や飲み会に誘われたり、残業があったりで、
なかなか家でごはんをつくれなくて。でも大丈夫、ちゃんと冷凍しているから。

冷凍しても、2週間以内には食べきりたいよね。
そのお肉、いつ買ったの？

あれ〜、いつだったかな？？

冷凍が長くなると、お肉の味が落ちるよね。

そうなのよ〜、だから使う気がしなくて、つい新しいお肉を買っちゃうの。
それに、朝、冷凍室から冷蔵室に移すのを忘れちゃうと、
帰ってから解凍するのは面倒だし、時間がかかるし。

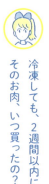

もしかして、冷凍室に冷凍化石化したお肉がごろごろ転がっていたり
野菜室の隅っこにシナシナの野菜があるんじゃない？

ご名答！　さすがマニーね。
もしかして、うちの冷蔵庫の中、のぞいた？

ヘンなことに感心している場合じゃないよ〜。
キリ子さんは、お得をゲットしようとしてるのに、残念な結果になっちゃうのね。
実は、お金が貯まらない人って、キリ子さんみたいに、
頑張りどころがズレていたりする共通点があるの。

＼まずは貯まらない人って、
どんな人か、
レッツ！チェック☆／

思い当たることはない？　いくつ当てはまる？

まずは
あなたの

“貯まらない度”をチェックしてみよう！

なんか思い当たる
ことばかりのような……

キリ子さんも
やってみて

☑が15個以上
貯まらない度☹☹

このままだと一生貯まらない人です

残念ながら、今の生活パターンを続けていると一生、貯金とは縁がないかもしれません。でも、大丈夫！　今日から〝貯まる人〟に変身しましょう。

☑が6〜14個
貯まらない度☹

あともう一歩で貯まる人になれます

今、あなたは貯まる人になれるか、貯まらないままかのボーダーライン上にいます。生活習慣を見直すことで、貯まる人の仲間入りができます。

☑が6個未満
貯まる度☺☺

あなたは立派な貯まる人です

あなたはお金から愛されている人です。実際に、通帳の残高が順調に増えているはず。この先も油断せずに、コツコツ貯蓄を続けましょう。

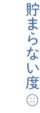

CHECK LIST

- □ 今、お財布にいくら入っているか、よくわからない
- □ お財布が小銭、レシート、ポイントカードなどでパンパン
- □ 1万円札をくずしたら、いつの間にかなくなる
- □ 自分は特にムダ使いはしていないと思う
- □ 2カ月以上、通帳の記帳をしていない
- □ 飲み会に誘われると断れない
- □ 保険は勧められるままに入ったもので見直していない
- □ モノがなかなか捨てられない
- □ 今月のクレジットカードの支払い額を把握していない
- □ 鉢植えの植物を枯らしたことがある
- □ 家にビニール傘がたまっている
- □ ちょくちょくダイエットをするが、すぐに挫折する
- □ 部屋の片づけが苦手だ
- □ 「まっ、いいかー」「なんとかなる」が口癖
- □ ひとり分の食事を作るよりも、惣菜やお弁当を買う方が節約になると思う
- □ 水道光熱費がいくらかかっているのかよくわからない
- □ レシートは捨てる
- □ 給料日前にお金が足りなくなることがよくある
- □ 早起きが苦手だ
- □ 給与から引かれている健康保険、厚生年金、雇用保険などの社会保険料、所得税、住民税などの税金の金額をチェックしていない
- □ 使いかけのまま使っていないマニキュア、マスカラ、アイシャドウ、チークなどのコスメが3つ以上ある
- □ シーズンが変わるたびに「着る服がない」と思う
- □ クロゼットや下駄箱がギューギューだ
- □ 玄関に靴が3足以上、出しっぱなしになっている

貯まらない人の行動には共通点がある

貯まらない人の行動パターンとは？

キリ子さん、
こんなことしてない？
あら、ヤダ～、
これって
私のこと？

家にいるより外出したい

休日に家にいると損した気になったり、特に用事もないのになんとな～く外出しがち。お金を使う機会の大半は外出中にあります。家にいれば、電気代や水道代がかかるかもしれませんが、大した金額ではありません。でも出かければお店をのぞいて、つい買い物したり、喉が渇いてお茶したり……で、お金がどんどん出ていきます。

早起きが苦手で、出勤前はバタバタ

朝は、ギリギリまで寝ていて慌てて出勤。朝食はコンビニやカフェで買って済ませます。もちろんお弁当をつくる余裕はないので、ランチは外食。出勤前だけではなく、出かけるときはいつもバタバタだから、忘れ物をして、外出先で買うハメになったり、時間に遅れそうでタクシーを利用したり……で、余計な出費がかさみます。

値段で買うモノを判断する

「どうしても欲しいというわけじゃないけど、安いから買ってもいいかな」と、値段が買うか、買わないかの判断基準になっていると、ムダ買いになりがちです。というのは、本当に欲しいモノではなかったので、飽きるのも早いし、飽きたら「どうせ安かったし」と処分するのもためらいません。「安物買いの銭失い」は真実なのです。

お金をちょこちょこおろす

お金をおろすサイクルも金額も決まっていません。給料日にちょっと多めにおろして、あとは足りなくなると、その都度ちょこちょこおろします。だから月の前半は気前よく使い、給料日前になるとカツカツということも。なににいくら使ったか把握できていないので、「いつの間にかお金がなくなる」という事態が起こります。慌ててATMに駆け込み、時間外手数料を払うことも。

買い物がストレス発散法になっている

貯まらない人の共通点のひとつが「買い物好き」。家にいるのが苦手だから出かける→なにか買いたくなる→高いモノは買えないので安いモノで我慢する→一瞬、買い物欲求が満たされる→本当に欲しいモノではないので満足度が低く、持続しない→ほかのモノがまた欲しくなる……という負の無限ループを、残念ながら繰り返すことになります。

貯まらない人の性格とは？

貯まらない人の性格にも、実は共通点がある

性格にも
お金に愛されない
タイプがあるって、
知ってた？

え!! ヤダ〜、わたし、
お金に愛されたい〜！

☹人生なんとかなると思っている＝現実逃避

まとまった貯金はないのに、漠然と「なんとかなる」と思っています。言い換えるなら、今、自分がおかれている現実を直視すると不安になるので、見ないようにしているタイプ。「空からお金が降ってこないかな〜」とか「宝くじが当たらないかな〜」と妄想に走りがちです。

☹目先のことしか考えない

先のことを考えるよりも、目先の楽しみを優先しがちです。お金についても、家賃の更新料や結婚費用など先々、必要になる出費よりも、今欲しいモノの誘惑に負けてしまいます。「お金を貯めなくちゃ」と思ってはいても、先延ばしにしてしまうタイプです。

☹人と同じじゃないと不安

見栄っ張りと同じように、“人の目”を気にする性格ですが、人よりも優位に立ちたいと思うのではなく、みんなと同じじゃないと不安になります。「みんな持っているから」「ほかの人も買っているから」がお金を使う基準になっています。

☹見栄っ張り

うらやましいと思われたくてブランドバッグを買ったり、いい人と思われたくて飲み会を断れなかったりと、「人からどう思われるか」という“他者評価”を優先させるタイプ。見栄でお金を使っても、一瞬の自己満足で終わってしまうことに……。

☹気持ちにムラがある

思い立つと、計画もなく行動します。たとえば、「痩せたい！」と思うとムリなダイエットを始めて挫折したり、習い事を始めても長続きしなかったり、ひと目惚れで衝動買いしたり。熱しやすく冷めやすい性格です。結果、やりくりも三日坊主に。

☹言い訳が多い

「だって、家賃が高くてお金が残らないんです」「どうせ、私はやりくり下手ですから」「でも、今買わないとなくなってしまうかもしれないし……」など、貯まらない言い訳が多い人。どうしたらできるかを考えるよりも、“できない理由”をあげるタイプです。

買い物の仕方にもお金が貯まらない理由《ワケ》が潜んでいる

貯まらない人の買い物パターンとは?

TYPE A
とにかく買い物好き

- □ 買い物に行ったら、1つでもなにか買う
- □ セールをしていたら、なんとなく寄ってみる
- □ 帰りがけにコンビニに寄るのが習慣になっている
- □ 100円ショップが好きだ
- □ ショッピングモールをなにも買わずに素通りできない

▼

1つ1つの買い物は少額でも“チリも積もれば”で、いつの間にか、お金が消えていきます。使わないモノばかりがふえ、家がゴチャつきがち。

TYPE B
買い物でストレス発散

- □ ストレスがたまると買い物や外食をする
- □ 買い物をするときは、わりと短時間で決断する
- □ 1つでもなにか買うと、気分転換できる
- □ 買ってもすぐに飽きることがよくある
- □「自分へのご褒美」と思って買い物することが多い

▼

買い物がストレス発散法になっているので、忙しかったり、イヤなことがあると買い物に走ります。一時的に満足するだけで、結局、ムダ買いに。

う〜ん、よく考えずに買っているような気がする

本当に欲しいモノや必要なモノを買わないと、お金がもったいないよ

TYPE D

ギスギス節約しすぎ

- ☐ 電気はこまめに消して、シャワーも出しっぱなしにしない
- ☐ 欲しいモノがあっても買わずに我慢することが多い
- ☐ 夕飯の献立はなんとなくいつも茶色っぽい
- ☐ ここ1年くらい新しい服を買っていない
- ☐「お金がない」が口癖

▼

楽しくお金が使えないタイプ。お金を使うと、後ろめたい気持ちになります。貯めても、貯めても、お金の不安から解放されず、心が満たされません。

TYPE C

見栄っ張り買い

- ☐ レジを1品だけで通るのは恥ずかしいので、2つ以上買う
- ☐ 友人の持っているブランド品が気になる
- ☐ 結婚披露宴やパーティーなどイベントのときは服を新調する
- ☐ 新製品や流行はとりあえずチェックしておく
- ☐ 流行りのモノが好きだ

▼

誰でも見栄を張るときはありますが、張りすぎだと、いくらお金があっても足りません。お金は貯まらないのに、ブランド物ばかりがふえていきます。

貯まる生活の始め方❶

キリ子、ただ今、貯金ゼロ円

STAGE
2

なんで貯金しなくちゃイケないの?

今のうちからコツコツ貯金しておかないと、
先々大変なことになるかも!?

人生なんとかならないし、将来のこともあるから

お金を貯めておかないと、この先、困ることに

なるほどね、お金が貯まらない人って、自分のことを見ているようで親しみを感じちゃう。すぐ友だちになれそうな気がする。グループＬｉｎｅしようかな。

そんな、お金が貯まらない人同士で情報交換してどうするのよ！「今月も赤字でした～」「わたしも～」って、盛り上がっている場合じゃないでしょ。

でもさ～、どうしてお金を貯めなくちゃいけないの？

そりゃ、ときどき残高不足でクレジットカードの引き落としができなかったり、給料日前にお財布に５００円玉１個しか入ってなくて焦ったりもするけど、それでも、まあ、なんとかなっているし、人に迷惑もかけてないモン。ちゃんと真面目に働いているから、毎月、お給料が入ってくるし、結構、楽しい毎日なんだけどな～。

そりゃ、今はね。健康だし、仕事もあるし。でも、先々のことを考えたことある？

先のこと？　先のことなんて、誰にもわからないじゃない？
先のことを考えて、ケチケチ暮らすよりも、
今欲しいモノを買って、おいしいモノを食べたほうが幸せよね。

ほらね、貯まらない人って、「人生なんとかなると思っている＝現実逃避」
「目先のことしか考えない」なのよね～。
キリ子さん、イソップ物語の『アリとキリギリス』っていうお話、知ってる？

子どものころ、読んだことがある気がする。夏の間、アリはセッセと働いて、
食料を蓄えていたけど、キリギリスは遊びほうけていたから、
冬になって食べる物がなくて困ったというお話だったように思うけど。

いつまでも夏が続くわけじゃないし、人生なんとかなるものでもないの。
アリが食べ物を蓄えていたように、人はお金を蓄えておかないと困ることになるのよ。
貯金があるのとないのとでは、人生には大きな違いがあるってことね。

コツコツ貯めるアリ代と、その日暮らしのキリ子の一生

貯金のアリ・ナシで人生、こんなに差が出る

学生時代

アリ代

アルバイト代から少しずつでも貯金する

アリ代さんは上京して、東京の大学に進学。親からの送金と奨学金だけではギリギリなので、週3回、コンビニでアルバイトを始めました。毎月少しずつ貯金していたら、大学卒業時には通帳の残高が50万円に。

キリ子

実家暮らしで使いたい放題

キリ子さんは都内の自宅から通学。家賃はもちろん、水道光熱費や食費など生活にかかるお金はすべて親もち。そのうえおこづかいまでもらい、バイト代と合わせて使いたい放題。貯金のことはぜんぜん考えませんでした。

社会人1年目

入社と同時に財形貯蓄を始める

大学卒業後、中堅メーカーに就職。会社に財形貯蓄制度があったので、入社と同時に毎月1万円ずつ貯金。それとは別に2万円の積立定期預金も始め、毎月、給与天引きで3万円ずつ貯金することにしました。

給料日前は決まって残高0円

アリ代さんと同じ会社に同期入社。社会人になったので、さすがに生活費すべてを親頼みというわけにもいかず、毎月3万円だけ家に入れることに。残りは買い物や外食に使い果たし、給料日前には、見事にすっからかん！

財形貯蓄とは？

「財形貯蓄」とは会社員のための福利厚生制度。毎月、給与天引きで貯めることができます。勤務先にこの制度がある場合は検討を。財形貯蓄には次の3種類があります。

1 一般財形貯蓄

【貯蓄目的】自由

【メリット】税金の優遇はありませんが、積立額に上限なし

2 財形住宅貯蓄

【貯蓄目的】マイホーム購入、リフォーム費用

【メリット】財形年金貯蓄と合わせて元利合計550万円まで利子等が非課税

3 財形年金貯蓄

【貯蓄目的】老後資金

【メリット】財形住宅貯蓄と合わせて元利合計で550万円（保険型は払込保険料385万円）まで利子等が非課税

*「財形住宅貯蓄」と「財形年金貯蓄」は、目的以外の理由で払い出すと、過去5年間にさかのぼって課税される

社会人3年目

“独身時代が貯めどき”と考える

入社3年目に入り、給料がアップしましたが、昇給分はなかったものとして貯金。決してケチケチしているわけではありませんが、「貯められるときに貯めておこう」とムダ使いはしません。貯金が順調にふえていきました。

突然、ひとり暮らしを始める

仕事にも慣れてきたキリ子さんは、あこがれのひとり暮らしをスタート。毎月、家に入れていた3万円を親が貯金してくれていたので、それでひとり暮らしにかかる初期費用をまかないました。結果、本当に貯金が0円に。

ひとり暮らしにかかるお金

家賃7万円の場合

目安 約62万円

【内訳】

新しく部屋を借りるのにかかる費用

42万円

敷金2カ月分
礼金2カ月分
仲介手数料1カ月分
前払い家賃1カ月分
＊物件によっては敷金1カ月分、礼金なしの場合も

引っ越し費用

5万円

家電・家具

10万円

その他雑費

5万円

社会人7年目

総貯蓄額が500万円になる

財形貯蓄（P37）と積立定期預金は「絶対に崩さない」と決めていたので、残高は右肩上がり。ボーナスも一部貯金していたので、入社7年目には総貯蓄額が500万円に。貯金だけではなく、投資でお金をふやすことを考え始めました。

披露宴に招待されたがお金がなくてピンチに

ひとり暮らしになっても、あればあるだけ使ってしまうお金使いは変わりません。先輩の結婚披露宴に招待されましたが、お祝い金とドレス代が手痛い出費に。ドレスはクレジットカードのボーナス一括払いで買いました。

友人の結婚披露宴にかかるお金

目安 約9.5万円

【内訳】

ご祝儀代
3万円

ドレス購入費
5万円

ヘアメイク
1万円

2次会費用
5000円

めでたく結婚

アリ代

交際2年でゴールイン

3年間の交際を経て、めでたくゴールイン。アリ代さんは30歳、彼は33歳。結婚式と披露宴は見栄を張らず、ささやかなものにしましたが、新婚旅行は思い切って、前から行きたかったベニスを訪ね、幸せいっぱい♥

キリ子

お金がなくて**結婚式**が挙げられない

大学時代から何度となく別れては寄りを戻していた同じ年の彼とついに結婚。2人ともあればあるだけ使う似た者同士で、結婚するためにお金を貯めることもせず、貯金は0円。結婚式は泣く泣くあきらめました。

結婚にかかるお金

平均
約**595.7**万円

【内訳】

挙式・披露宴にかかる費用
約**359.7**万円

婚約関連にかかる費用（婚約指輪、結納など）
相場**161**万円

挙式後にかかる費用（新婚旅行、お土産代など）
相場**75**万円

全額が自己負担になるわけではなく、ご祝儀で平均232.3万円をカバーでき、また約7割の人が親や親族から援助を受けており、援助総額は平均189.4万円。

出所：「ゼクシィ」HP「『結婚のお金』まるわかりガイド」

ベビー誕生

出産のお祝い金で子ども名義の口座をつくる

結婚2年目で長男誕生。子ども名義の通帳をつくり、お祝い金を貯金。育休中なので収入が約半分に減りましたが、これまでも夫の給料で生活して、自分の分は貯金に回していたので、特に困ることはありませんでした。

ベビー用品の購入で出費がかさむ

キリ子さんも長男を出産。ベビー用品になにかと出費がかさみ、お祝い金がいつの間にかなくなっていました。育休に入って収入が減ったので、家計はたちまち火の車。さすがのキリ子さんも節約することを考え始めました。

出産にかかるお金

平均45〜60*万円

【内訳】

出産入院費用

約40〜50万円

健康保険から「出産育児一時金」が子どもひとりにつき42万円支給されます。また、今は直接支払制度によって、健康保険から病院に直接、出産育児一時金が支払われるのが一般的。事前にまとまったお金を用意する負担が軽減されています。

妊婦健診料

約5〜10万円

国が健診費用の無料化をすすめていますが、自治体によって助成する内容や費用が異なります。

出所:「ゼクシィ」HP「妊娠前に知っておきたい 出産のお金のこと」

*出産育児一時金などでカバーされる前の金額

マイホーム購入

アリ代

マイホーム購入の頭金に1000万円用意

夫の定年前に住宅ローンを完済したいと考えていたところ、たまたまいい物件を見つけたので購入。結婚後、アリ代さんの給料はほとんど貯金していたので、頭金を1000万円用意し、ムリのないローンを組みました。

キリ子

頭金0円で家を買う

同期入社で、同じ年に結婚したアリ代さんが家を買ったことを知ったキリ子さんは、自分も家が欲しくてたまりません。貯金がほとんどなかったので、頭金0円で購入。住宅ローンが重くのしかかり、ますます苦しい家計に……。

マイホーム購入時にかかるお金

3500万円の
住宅を購入する場合

約**1050**万円

【内訳】

住宅ローンの頭金
＝物件価格の2割
700万円

手数料、税金、
引っ越し代など＝1割
350万円

住宅ローンを組んでマイホームを買う場合、頭金として物件価格の2割程度を払うのが理想的。頭金が少ないと、毎月のローン返済額が多くなり、家計が苦しくなります。また物件価格のほかにも諸費用などがかかります。

教育費

アリ代

子どもにかかるお金に備えて学資保険に加入

子どもの教育資金用に学資保険に加入。保険料は月払いよりも割引のある年払いに。児童手当を貯めて保険料に回します。育休を終えて復職したので貯蓄ペースも戻り、住宅ローンの繰上げ返済をしました。

子どもにかかるお金

幼稚園から大学まで
すべて国公立の場合
約1000万円

幼稚園と大学が
私立（文系）、
小・中・高が公立の場合
約1300万円

幼稚園から大学まで
すべて私立（文系）の
場合
約2500万円

上記は学習にかかるお金のみなので、このほかにも食費、衣料費、医療費、おこづかいなどもろもろがかかります。

出所：文部科学省「平成26年度子供の学習費調査」、日本政策金融公庫「教育費負担の実態調査」（平成28年度）

キリ子

幼稚園から習い事をハシゴする

キリ子さんも職場復帰したので、家計に少し余裕が。まわりの子どもたちが、あれこれ習い事をしているのを見て、「うちの子も遅れてはならない」と習い事をかけもち。キリ子さんの給料が習い事代に消えていきます。

果たして
2人の
老後は……

貯金できないせいで〝不幸のスパイラル〟にハマってない？

貯まらない女子からはいつの間にか幸せが逃げていく!?

貯金があるか、ないかで人生、ずい分違ってくるということをわかってくれたかな？

う〜ん、アリ代さんとキリ子さんの話を聞くと、なんだか不安になってきた〜。
だから、お金のことや先々のことを考えるのがイヤなのよね。

ダメダメ、そんな……ちゃんと現実を見なくちゃ。
お金が貯められない→将来のことを考えると不安になる→目先の楽しみにお金を使う
→貯金できない……というお金が貯まらない〝不幸のスパイラル〟にハマッちゃうわよ。

ギクッ！
でも、働いて稼いでさえいれば大丈夫よ、たぶん……。

でもね、会社が倒産するかもしれないし、倒産しないまでも、給料が下がることは十分考えられるよね。あと、怖いのが病気。

そういえば、友だちの友だちが、健康診断で子宮がんが見つかったんですって。

人生、なにが起こるかわからないよね～。なにかあったときの助けになるのが、やっぱりお金。貯金するのは、人生の〝リスク管理〟なのよね。

でも結婚すれば、お金の心配はなくなるんじゃないの？

なに甘い夢をみてるの～。そんな高収入の男子なんて、ほんのひと握り。「結婚相手に幸せにしてもらおう」なんて考えている女子は、男子から見て重た～い！

でもさ～、貯金がありすぎると、金目当ての〝逆玉〟狙いに遭ったりしない？心配だわ～。

あ～、また現実逃避してる～。お金を貯めてから、心配しなさいって！

お金のなる木があればな〜

空から
お金が降って
こないかな〜

収入に見合わないお金の使い方をやめて
身の丈に合った生活を目指す

身の丈オーバー!?

たとえば手取り月収25万円のキリ子さんの場合……

高級海外
コスメ
1日何回も
カフェに行く
ブランド
バッグが
ゴロゴロ
年に数回の
海外旅行
毎週末の
ディナー

自分の収入に合った
お金の使い方をする
ことよ

身の丈に合った
生活って？

自分の時給がわかると身の丈に合った生活が見えてくる

自分の「身の丈」を知る手助けになるのが、自分の「時給」を知ること。
1時間分の稼ぎを計算してみましょう。

時給の計算法

これが自分の1時間の値段

手取り月収		ひと月の労働時間		時給
	÷		=	

キリ子さんの場合

手取り月収		ひと月の労働時間		時給
25万円	÷	176時間	=	1420円

お金を使うとき、何時間働いたら、
その金額になるかを計算してみると、
お金の使い方が変わるかも。

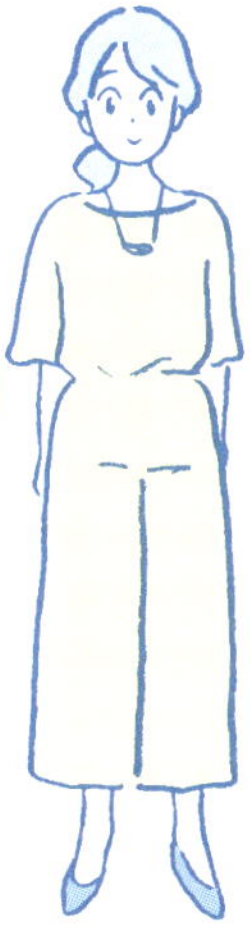

たとえば…

海外旅行	15万円	÷	1420円	=	105.6時間（13.2日分）
ブランドバッグ	13万円	÷	1420円	=	91.5時間（11.4日分）
レストランディナー	8000円	÷	1420円	=	5.6時間
カフェ代	800円	÷	1420円	=	0.6時間
タクシー代	2650円	÷	1420円	=	1.9時間
ネイルケア	6000円	÷	1420円	=	4.2時間
エステ	1万3000円	÷	1420円	=	9.2時間（1.1日分）

*1日＝8時間勤務の場合

このままだと老後が不安かも

老後にかかるお金と年金についての基礎知識

身の丈に合わないお金の使い方をしていると、いつまで経ってもお金は貯まらないのよね。
今はなんとかなっても、リタイア後の生活が心配。

う～ん、年金はあてにならないって言うしね。
年金だけじゃ、生活していけないのは、私でもなんとな～くわかる。

キリ子さん、エライわ！
将来について少しずつ危機感を持ち始めたってことね。
一緒に老後にかかるお金について考えましょう。

「考えましょう」って、言われても、
なにをどう考えていいのか、さっぱりわかりませ～ん。

老後の生活にかかるお金

まずは老後の生活費をザックリ計算してみましょう。

老後の生活費の計算法

毎月の生活費				老後の期間		老後の生活費の総額
	×	12カ月	×		＝	

たとえば…
毎月の生活費が20万円、65歳まで働いて収入があり、
女性の平均寿命の87歳まで生きると仮定した場合のシミュレーション。

20万円*	×	12カ月	×	22年	＝	5280万円

*老後の生活は今よりもコンパクトになるので、現在の生活費の7～8割が目安。
ここを抑えるほど老後にかかる生活費の総額は小さくなります。

生活費のほかにもかかるお金

- ▶趣味・レジャー費
- ▶家電の買い替え費
- ▶車の買い替え費
- ▶家の修繕費
- ▶医療・介護費など

年金があるから、
全額を貯金しなくても
大丈夫よ

将来、受け取る年金額を調べる

「ねんきん定期便」でチェック！

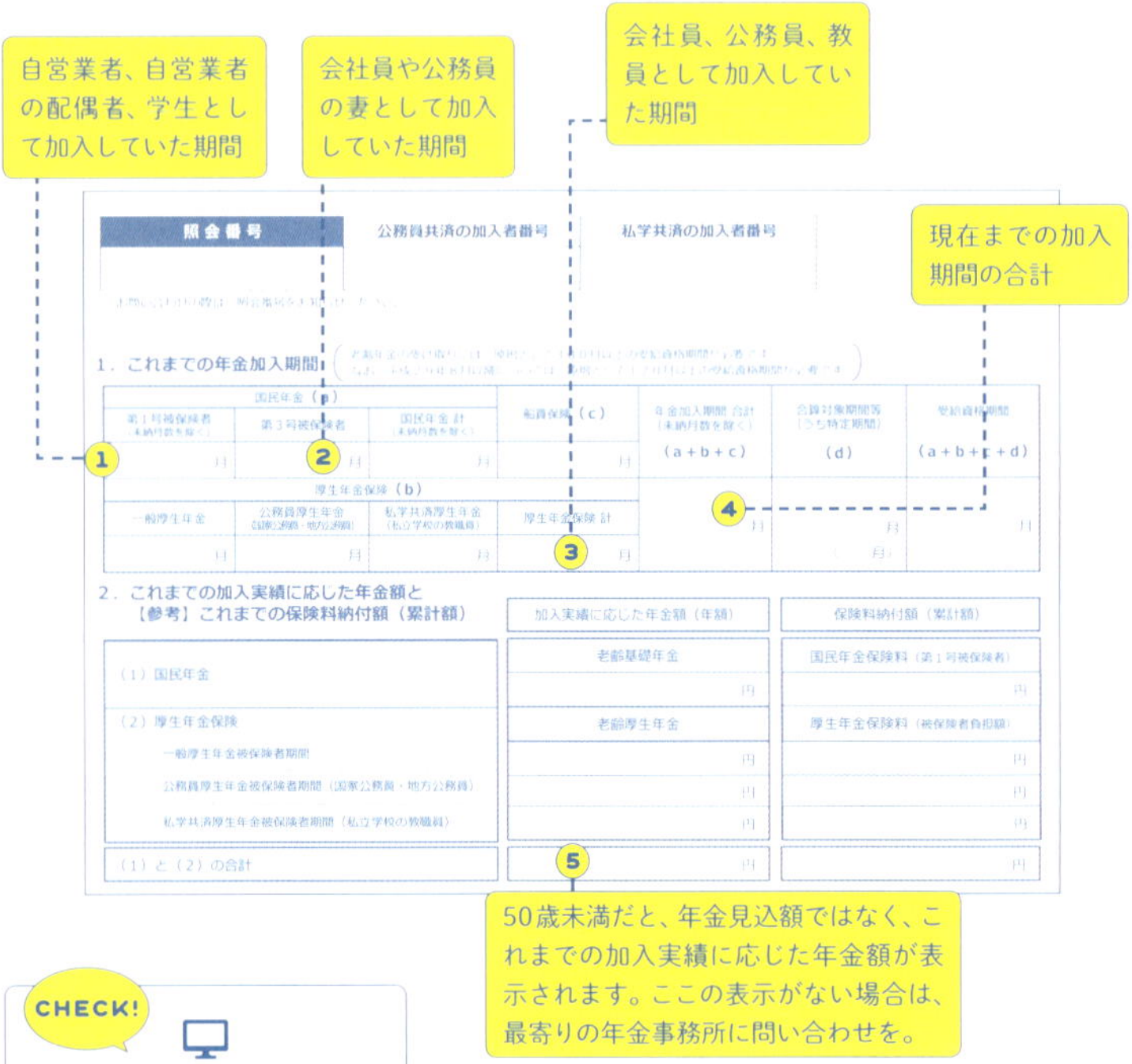

「ねんきん定期便」とは、毎年1回、誕生月に国民年金および厚生年金の加入者に日本年金機構から送られてくるもので、年金の加入記録を確認するための大切な資料です。通常は「ハガキ」で送られてきますが、35歳、45歳、59歳のときは「封書」で、年金加入記録の確認方法などが詳しく書かれたパンフレットや、年金加入記録に「もれ」や「誤り」があった場合に提出する「年金加入記録回答票」が同封されています。

CHECK!

「ねんきんネット」
www.nenkin.go.jp/n_net/

新規登録（無料）すると、詳細な年金記録や年金見込額などをパソコンやスマホで、24時間いつでも確認できます。「ねんきん定期便」に記載されているアクセスキー番号で申し込みます。

もらえる年金額を自力で試算する

「ねんきん定期便」がすぐに見つからない場合は、自力で計算することも可能。
だいたいの受給見込額がわかります。

もらえるおおよその年金額がわかる計算法

A 老齢基礎年金（年額）

1.95 × 加入年数［　　］年* ＝ ［A］万円

*この先も年金保険料を払い続けた場合の年数。たとえば20～60歳まで加入すると40年

B 老齢厚生年金（年額）

平均年収［　　］万円 × 0.0055 × 加入年数［　　］年 ＝ ［B］万円

C もらえる年金の見込額（年額）

A ＋ B ＝ ［C］万円

P51で算出した老後にかかるお金から年金でまかなえる分を引いた分のお金を、老後の備えとして65歳までに貯金しておくと、なにかと安心です。

65歳までに貯めるべきお金

［老後の生活にかかるお金→P51］ － C ＝ ［　　］万円

自分が払っている年金保険料を知る

国民年金保険料：月額**1**万**6490**円（平成29年度）

厚生年金保険料：平均月収・賞与×**18.3**%（平成29年9月分以降）

自分が払っている年金保険料を知ると、老後の備えの意識が高まるかも。
会社員の場合、保険料は労使折半で、18.3%の半分が給与から天引きされます。

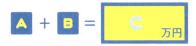

将来、受け取る年金額をふやす

「年金が少なくて不安」と感じた人は、年金額をふやす工夫をしましょう。

国民年金の未納分を埋める

国民年金は20～60歳までの40年間、保険料を払い続けると満額の77万9300円（平成29年度）が受け取れます。未納期間があるとその分が減額。平成30年9月30日までは、5年前までさかのぼって納めることができるので、未納分を穴埋めして満額に近づけましょう。それより前の未納分がある場合は、65歳まで「任意加入」して年金額をふやすことができます。これまでは、国民年金はトータルで25年以上、保険料を払わないと受給資格がありませんでしたが、平成29年8月1日からは、10年以上に短縮されます。

「確定拠出年金」を利用する

「確定拠出年金」とは、自分で掛け金と金融商品を決めて運用するもの。勤務先が掛け金を負担する「企業型」と、個人で加入する「個人型」（iDeCo）があります。金融商品は投資信託、預貯金、保険などから選択。メリットは掛け金の全額が所得控除されることで、所得税や住民税が安くなります。運用で得た利益も非課税。

【注意したいこと】

1. 運用リスクは自己責任
2. 原則、60歳まで引き出せない
3. 口座管理手数料がかかる

国民年金だけの
自営業の人は、特に
年金をふやす工夫が大事

自営業なら「国民年金基金」や「付加年金」も

自営業の場合、個人型確定拠出年金のほかにも年金をふやす方法があります。「国民年金基金」に加入すると、国民年金に上乗せすることができます。掛け金の上限は、確定拠出年金と合算して月額6万8000円まで。掛け金の全額が所得控除されます。

「付加年金」は月々400円の保険料を払うと、200円×保険料を払った月数分、年金額がプラスされます。2年以上、年金を受け取れば元がトレ、長生きするほどお得。ただし、「国民年金基金」と両方に加入することはできません。

長く働く・厚生年金に加入する

長く働けば、その間、収入が得られるだけではなく年金額もふやすことができます。厚生年金に加入していれば、将来、受け取る老齢厚生年金が増額。

また契約社員やアルバイトなどの非正規社員の人でも、労働時間が正社員の4分の3以上などの条件*を満たせば、厚生年金に加入できます。


*あるいは従業員501人以上の会社に勤務して、労働時間週20時間以上、月収8万8000円以上（残業代、交通費は含まない）、継続して1年以上勤務する見込みの人（平成29年4月から、従業員500人以下の会社で働いていても、社会保険に加入することについて労使で合意がなされている場合は、加入可）

正社員じゃなくても、
厚生年金に
加入できるのよ

派遣やパートで
働いている人は会社に
確認した方がいいのね

貯まる生活の始め方 ❷
キリ子、貯金に目覚める!?

STAGE
3

この通りにすれば必ず貯まるお金の貯め方

これまで貯金とは無縁だった人も、
必ず貯まる黄金ルールを紹介します。

「貯まるといいな〜」ではいつまで経っても貯まらない！

まずは貯める目標をもつ

お金って、なんとなく「貯まればいいな〜」と思っているだけでは、なかなか貯まらないものなのよ。たとえば１００万円あったら、キリ子さんはなにがしたい？

今のアパートから引っ越したい。

ほら、貯める目標があると、貯める意欲がわいてくるでしょ。目標達成のために、月々いくら貯める必要があるかがわかると、もっと貯金が身近になるわよ。

なんだかやる気が出てきた〜！

貯める目標を書き出す

今の自分にとっての貯める目標を書き出します。
スケジュール帳などに書き出して、いつも目にすることでモチベーションがアップ。
目標の修正や追加もOKです。

私の貯める目標

- お金を貯めてしたいこと

- お金を貯めて買いたいモノ

- 将来に備えるためのお金

- 20　　年　　月までに　　　　万円貯める

たとえば、こんな目標額を立てた場合は……

- 目標!!　20XX年X月までに**150**万円貯める！

↓

そのためには……

毎月**3**万円 × **30**カ月 ＋ ボーナス75万円（15万円/1回）＝ **165**万円

あればあるだけ使ってしまう人は

先取りで貯金を確保する

お給料全部が自由に使えるわけじゃないのよ
そうなんだ。だから、私は毎月足りなくなるのね

1カ月に使えるお金を知る

手取り月収から貯金分を先取りして、さらに毎月の決まった出費を差し引いた分が今月使えるお金です。お金をやりくりするのは、実はこの分だけ。ここが赤字にならなければ、先取り貯金分が毎月、確実に貯まっていく仕組みです。

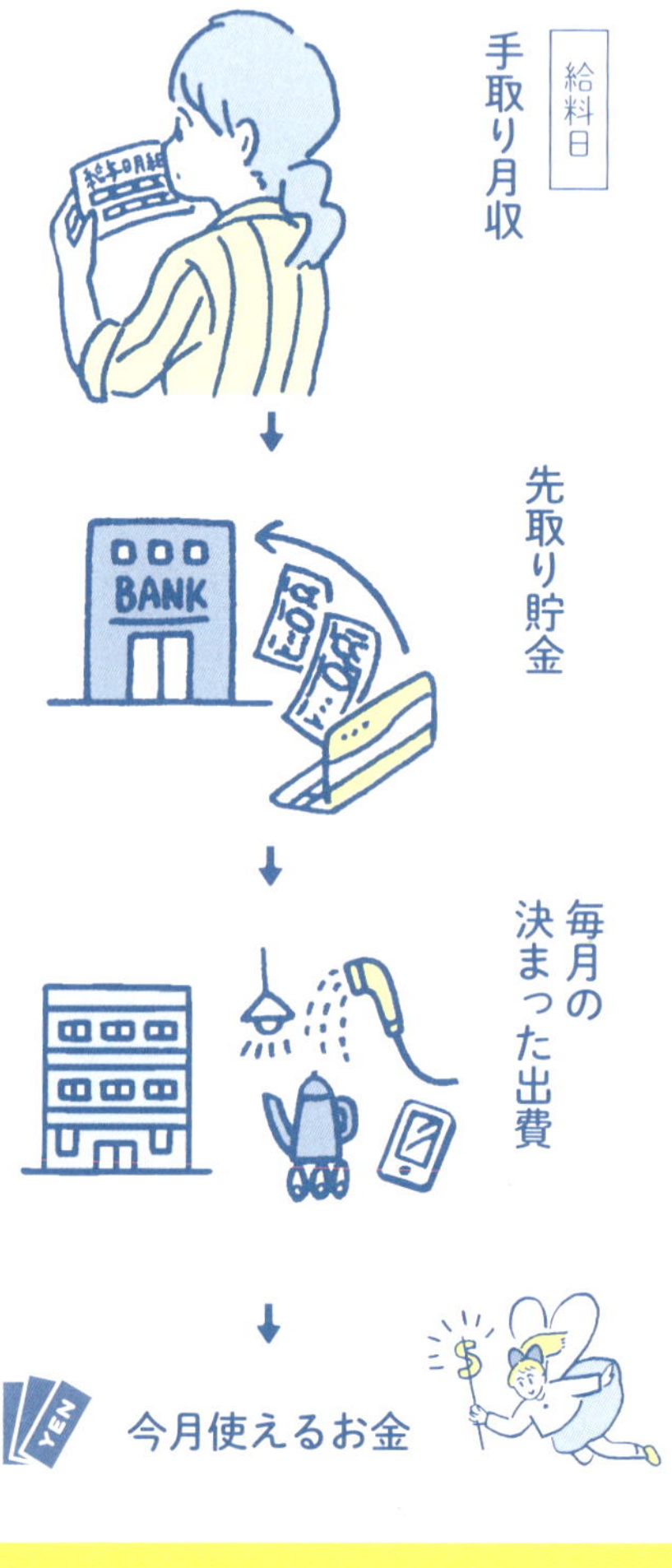
給料日
手取り月収
BANK
先取り貯金
毎月の決まった出費
YEN
今月使えるお金

POINT!

先取りで貯金する

「お給料が余ったら貯金しよう」ではなかなか貯金できません。給与天引きや自動積立などで強制的＆自動的に貯金するのがコツ。

POINT!

おおよその金額を計算する

住居費、水道光熱費、通信費、保険料、習い事代など。水道光熱費や通信費は月によって多少の変動はありますが、平均的な金額をもとに、毎月決まって出ていくお金の総額を計算します。

手取り月収 － 先取り貯金 － 毎月の決まった出費 ＝ 今月使えるお金

POINT!

ここだけをやりくりすればOK

この分は手元に置いて現金でやりくりするお金なので、給料日後にいっぺんに引き落とします。さらに「生活費」と「お楽しみ費」に分けます。

生活費

食費や日用品費など毎日の生活にかかるお金。ランチ代をここに入れてもOK。残業代などで月収が多い月は、「今月使えるお金」が多くなりますが、「生活費」は毎月一定にするのが理想的。1カ月分の生活費を5週で割り、週予算を決めます。

お楽しみ費

ランチ以外の外食や交際費、美容院、洋服、趣味・レジャーなどお楽しみのために使うお金。残業代などで「今月使えるお金」が多い場合は、「お楽しみ費」をふやしてもいいですが、その分をいくらかでも貯金にまわすと、貯蓄ペースがアップします。

こんなときはどうするの？ Q&A

Q1 1週目から生活費が足りない

A1 5週目のお金で補てん

2週目の生活費で補てんすると、2週目が苦しくなるのでNG。日数の少ない5週目の生活費の一部を回します。こういうときのために予備費をつくっておくのも○。

Q2 「今月使えるお金」が少なすぎる

A2 「毎月の決まった出費」を見直す

格安スマホにする、習い事を減らす、保険を見直すなど毎月の決まった出費を減らす努力を。お楽しみ費を抑えることも考えて。

レシートチェックで

1カ月にいくらお金を使っているかを知る

レシートは
いつも
どうしてる？

捨てちゃいます
（キッパリ！）

1カ月に使っているお金を知る手順

1 レシートを必ずもらう

レシートをもらわなかったり、すぐに捨ててしまう人は、レシートを必ずもらって、封筒などに入れて保管するようにします。

2 週1回、生活費のレシートをチェックする

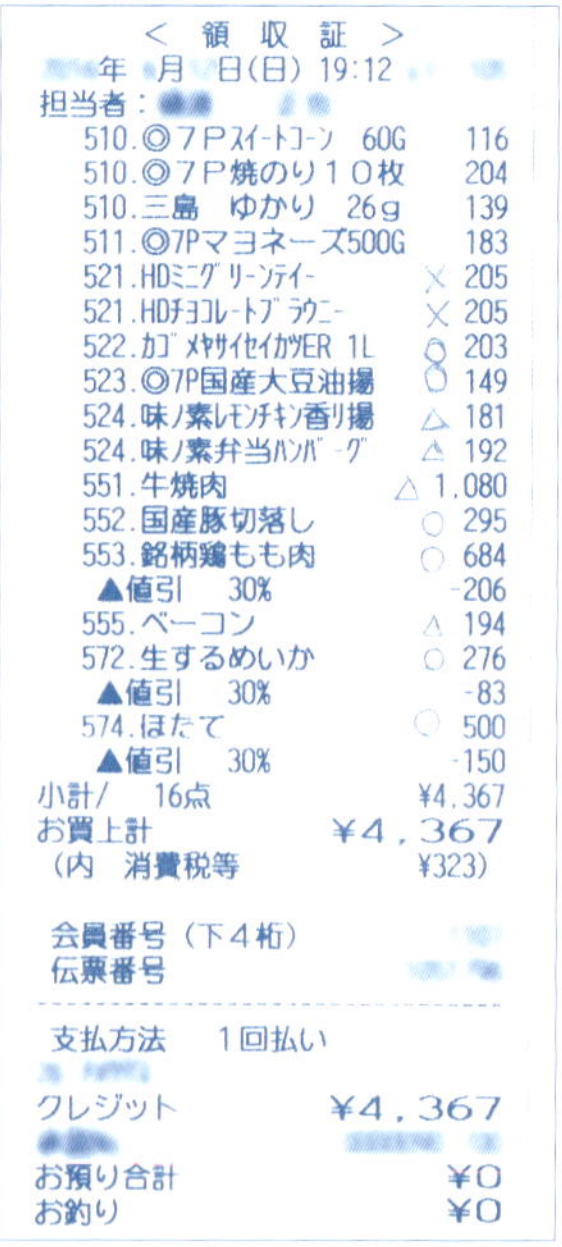
< 領 収 証 >
年 月 日(日) 19:12
担当者：

510.◎７Ｐｽｲｰﾄｺｰﾝ 60G		116
510.◎７Ｐ焼のり１０枚		204
510.三島　ゆかり　26ｇ		139
511.◎7Pマヨネーズ500G		183
521.HDﾐﾆｸﾞﾘｰﾝﾃｲｰ	×	205
521.HDﾁｮｺﾚｰﾄﾌﾞﾗｳﾆｰ	×	205
522.ｶｺﾞﾒﾔｻｲｾｲｶﾂER 1L	○	203
523.◎7P国産大豆油揚	○	149
524.味ノ素ﾚﾓﾝﾁｷﾝ香り揚	△	181
524.味ノ素弁当ﾊﾝﾊﾞｰｸﾞ	△	192
551.牛焼肉	△	1.080
552.国産豚切落し	○	295
553.銘柄鶏もも肉	○	684
▲値引　30%		-206
555.ベーコン	△	194
572.生するめいか	○	276
▲値引　30%		-83
574.ほたて	○	500
▲値引　30%		-150
小計/　16点		¥4.367
お買上計		¥4,367
（内　消費税等		¥323）
会員番号（下４桁）		
伝票番号		
支払方法　１回払い		
クレジット		¥4,367
お預り合計		¥0
お釣り		¥0

買ったモノを1つずつ見直して、生活に必要な買い物＝○、必要だけどもっとお得に買えたモノ＝△、買わなくても済んだモノ＝×をつけていきます。お菓子は1つは○ですが、2つ目は×になど。

3 生活費以外のレシートもチェックする

日付	使ったこと	金額	必要性・満足度（○△×）
／		円	
／		円	
／		円	
／		円	
／		円	
／		円	
／		円	
／		円	
／		円	
／		円	
／		円	

生活費を「○△×チェック」したら、お楽しみ費も同じようにチェック。実は、ここにムダ使いが潜んでいる可能性大。おしゃれのために服を買うのは、必ずしもムダ使いではありませんが、バーゲンにつられて大して欲しくもない服を買ったり、すぐに飽きて着なくなったら×。反対に高くても満足度の高い買い物は○に。

4 1カ月のレシートを集計する

生活費とお楽しみ費をそれぞれ集計します。2つの合計額を、「今月使えるお金」の範囲内に収めることが目標です。

＼ これが1カ月に使ったお金です ／

合計額 　　　　円

3 からムダ使いを探し出す

「×」と「△」の合計額をそれぞれ計算します。ここを見直すことでムダ使いが減り、1カ月に貯められるお金をふやすことができます。

この分を貯金できたかも

×の合計額

△の合計額

ここの使い方をもう少し工夫すると◎

費目ごとに予算分けして

収入に見合った
バランスのいい家計をつくる

バランスのいい家計とは？

月収に対して通信費が高すぎる、食費が高すぎる、習い事が多すぎる……などがあるとスムーズにお金が貯まりません。収入に占める各費目の割合を目安にして、バランスのいい家計でムリなく貯めるのがコツです。

ひとり暮らしの
A子さん
の場合の目安

手取り月収 **25万円**

先取り貯金	15%	3万7500円
毎月の決まった出費		
住居費	30%	7万5000円
水道光熱費	4%	1万円
通信費	4%	1万円
保険料	3%	7500円
習い事・スキルアップ費	4%	1万円
合計	45%	11万2500円
今月使えるお金		
生活費	20%	5万円
お楽しみ費	20%	5万円

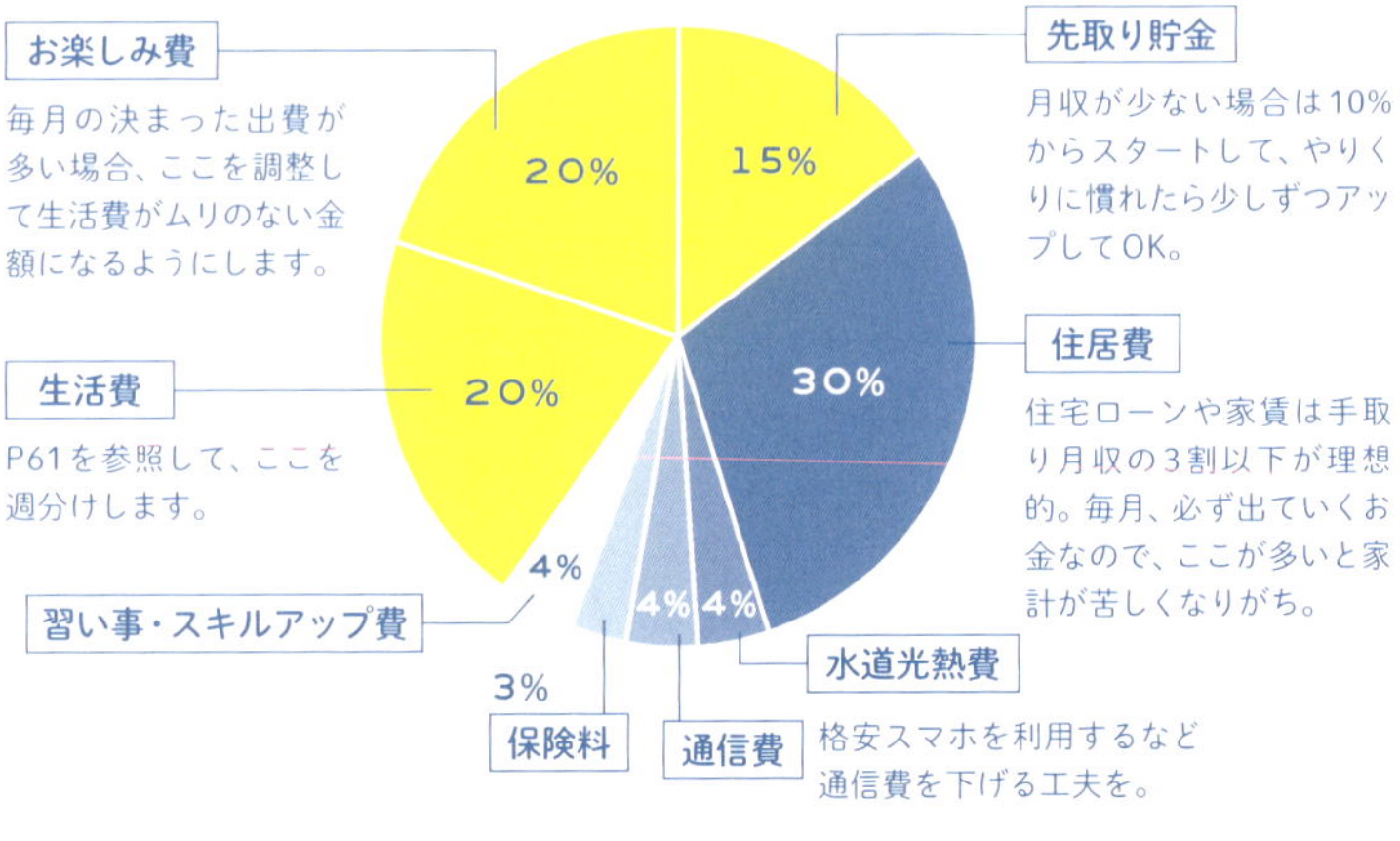

お楽しみ費
毎月の決まった出費が多い場合、ここを調整して生活費がムリのない金額になるようにします。
20%
15%
先取り貯金
月収が少ない場合は10%からスタートして、やりくりに慣れたら少しずつアップしてOK。
30%
住居費
住宅ローンや家賃は手取り月収の3割以下が理想的。毎月、必ず出ていくお金なので、ここが多いと家計が苦しくなりがち。
生活費
P61を参照して、ここを週分けします。
20%
4%
習い事・スキルアップ費
4%
4%
水道光熱費
3%
保険料
通信費
格安スマホを利用するなど通信費を下げる工夫を。

自分の手取り月収に合った家計（ひとり暮らしの場合）

手取り月収　　　　円

先取り貯金	15%	円
毎月の決まった出費		
住居費	30%	円
水道光熱費	4%	円
通信費	4%	円
保険料	3%	円
習い事・スキルアップ費	4%	円
合計	45%	円
今月使えるお金		
生活費	20%	円
お楽しみ費	20%	円

ちなみに……

実家暮らしの
B子さん
の場合の目安

手取り月収　25万円

先取り貯金	30%	7万5000円
毎月の決まった出費		
家に入れるお金	16%	4万円
通信費	4%	1万円
保険料	3%	7500円
習い事・スキルアップ費	4%	1万円
合計	27%	6万7500円
今月使えるお金		
生活費	10%	2万5000円
お楽しみ費	33%	8万2500円

使いっぱなしはNG

自分にベストマッチの家計管理法を見つける

ピッタリの家計管理法 ミニ診断

P61で「生活費」の週予算を決めたら、予算をキープするためにやりくりします。

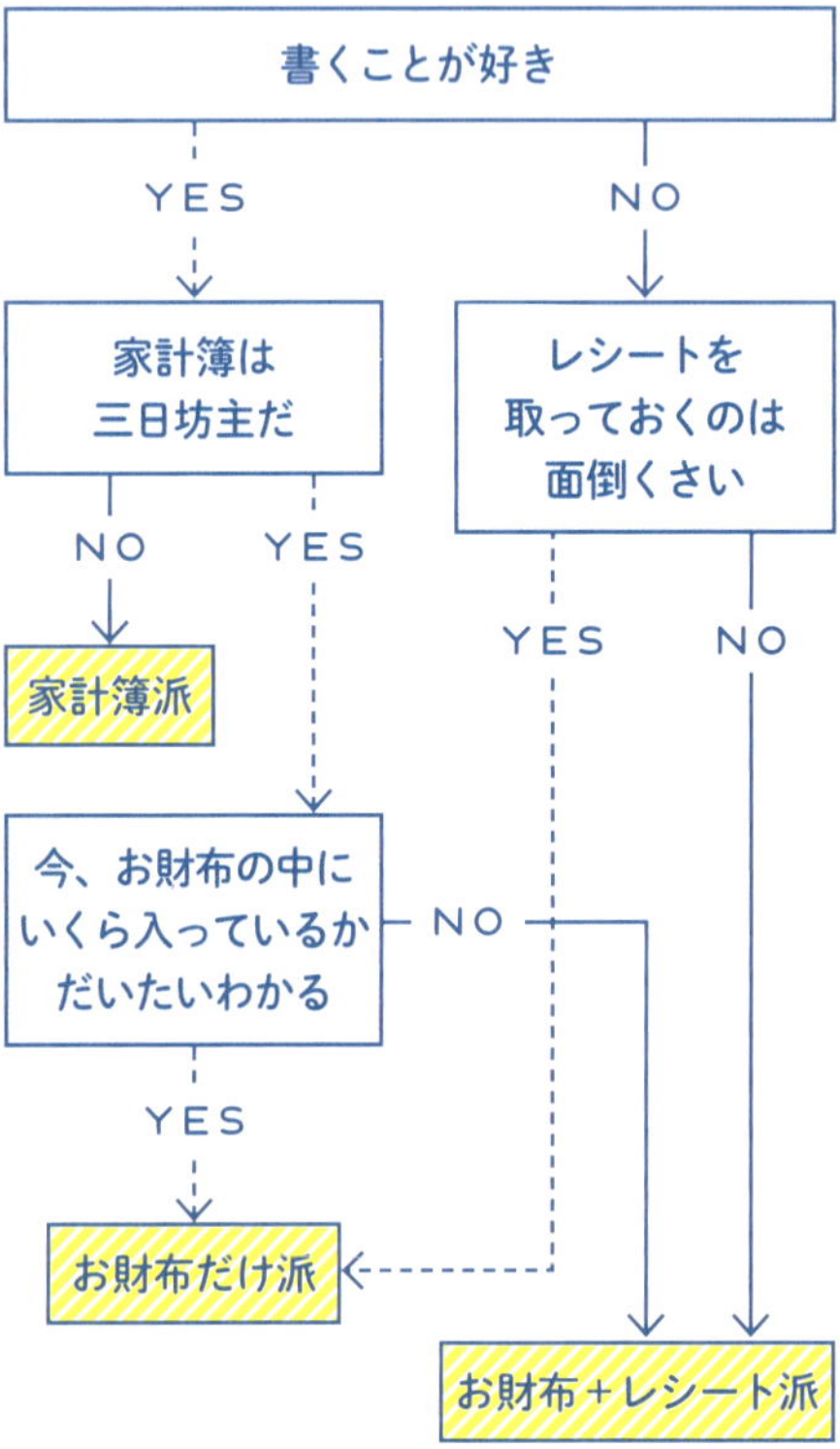

書くことが好き
YES
NO
家計簿は三日坊主だ
レシートを取っておくのは面倒くさい
NO
YES
YES
NO
家計簿派
今、お財布の中にいくら入っているかだいたいわかる
NO
YES
お財布だけ派
お財布＋レシート派

家計簿派

毎週決まった日に週予算をお財布に入れ、レシートを取っておくのは「お財布＋レシート派」と同じ。プラス、週1回、レシートを見ながら家計簿をつけます。買ったモノを細かく記入する必要はなく、店名を書けば、食料品か日用品かなど、なにを買ったかだいたいわかるので、店名のみでOK。

日付	店名	金額
10/2	○○スーパー	1,280
3	○○ドラッグストア	652
6	コンビニ	714
7	△△スーパー	1,540
8	△△薬局	1,253
合計		8,140

ここがPOINT!

週予算内に収まっているかをチェック。家計簿は記入するだけではなく、ムダ使いがないかを見直すことが大事。

「お楽しみ費」も管理する

レシートやクレジットカードの明細書を見ながら、「お楽しみ費」として使った分を家計簿に記入したり、手帳にメモします。

日付	使ったこと	金額	残金
10/4	ネイル	4,320	45,680
8	美容院	6,480	39,200
8	食事会	5,000	34,200
13	ストール		
21	映画		

ここがPOINT!
今月使える「お楽しみ費」があといくら残っているかを書き出します。

お財布だけ派

たとえば毎週月曜日の朝など日にちを決めて、週予算をお財布に入れます。財布の残金が、今週あと使えるお金なので一目瞭然。残りのお金を見ながら、使い方を調整します。何にいくら使ったかは気にせず、とにかく週予算内でやりくりすればOK。

お財布＋レシート派

毎週決まった日に週予算をお財布に入れます。レシートを取っておき週1回、P62、63の「○△×」法でチェック。週予算を守れるだけではなく、ムダを見直すことができます。ムダ買いが減れば、貯金額をふやすこともできます。

赤字の原因はここにあり!?

今すぐできる クレジットカード対策

対策1 カードノートをつくる

家計簿でもスケジュール帳でも、なんでもいいので、クレジットカードを使ったら、使い道と金額をメモします。この分も含めて、「生活費」や「お楽しみ費」を予算内に抑えます。

対策2 使った分を取り分ける

使ったらその分の現金を袋などに取り分け、支払い月に口座に入金します。ちょっと手間はかかりますが、現金を使ったのと同じ感覚なので、使いすぎにブレーキがかかります。

対策3 デビットカードを利用する

デビットカードは使ったら、その金額が即銀行口座から引き落とされます。口座の残高以上は使用できないので、デビットカード専用口座をつくり、予算分だけを入金しておきます。

キリ子さん、ときどき残高不足でクレジットカードの支払いの引き落としができないんですって？

イヤ〜、面目ない。支払いが翌月や翌々月で、お財布の中のお金が減らないから、いくら使ったかわからなくなっちゃうのよね。

そこがクレジットカードのやっかいなところよね。使いすぎは、下の対策1〜5で防止すればいいのよ。

対策4 週末にWebで利用明細書をチェックする

Webで今月の利用分の明細をチェックできる場合は、たとえば日曜日の夜など、週1回チェックして、利用金額を確認。付箋などにメモしてカードに貼っておきます。

対策5 いっそのことクレジットカードを持ち歩かない

クレジットカードを持ち歩くとどうしても使いすぎたり、利用金額をうまく管理できない人は、思いきってカードを手放しましょう。カードは家に置きっぱなしにして、買い物は現金主義にします。

リボ払いはNG!

リボ払いとは、毎月の支払額を一定にして分割払いするもの。月々の支払いは少額で済むので、貯金がなくても高額の買い物ができますが、年15%程度の金利（手数料）がかかります。1年ものの定期預金金利が0.01%*なので、1500倍の金利がかかるということです！

*2017年7月現在

〝貯まる生活〟を始めるための先取り貯金の預け先

先取り貯金の預け先を決める

今までなかなか貯めることができなかった人が、先取り貯金を始めるのは、〝貯まる生活〟の第一歩です。金利がどうのとか、ややこしいことはひとまずおいて、とにかく毎月、決まった金額を貯金することが大事。給与天引きや自動積立預金などで勝手に貯まっていく仕組みをつくりましょう。

財形貯蓄 （P37参照）

勤務先が財形貯蓄制度を導入している場合は検討してみましょう。給与天引きで毎月決まった金額が積み立てられるので、自動的＆強制的に貯まっていきます。申し込みや詳細については勤務先の担当部署まで。

INTERNET BANK

ネットバンクの積立定期預金

積立定期預金を設定できるネットバンクもあります。金利が一般の銀行よりも、若干高めなのが魅力ですが、給与口座が他行の場合は、毎月、積立定期預金を設定したネットバンクの普通預金に入金する必要があります。直接、定期預金口座に入金するのではなく、いったん普通預金に入金してからの振替に。ネットバンクの積立定期預金には、たとえば次のようなものがあります。

ソニー銀行

積み立て定期預金

金利 0.15%（1年ものの場合）

預け入れ金額：1000円以上、1000円単位

＊他行からソニー銀行の普通預金口座に、毎月決まった金額を、手数料無料で出入金できる「おまかせ入金サービス」を利用すると、普通預金に入金する手間が省けます。

楽天銀行

定期預金の積立購入

金利 0.12%（1年ものの場合）

預け入れ金額：1000円以上、1円単位

＊コンビニATMから楽天銀行の普通預金口座に入金する際、3万円未満の場合は手数料がかかります。

イオン銀行

積立式定期預金

金利 0.15%

預け入れ金額：5000円以上、1000円単位

＊イオン銀行の普通預金口座に入金する際、イオン銀行のATMを利用すれば手数料は無料。

＊2017年8月現在

自動積立定期預金

給与口座から毎月、決まった金額を自動的に定期預金口座に振り替えるもの。最初に1回だけ手続きをすれば、あとは自動的に貯まっていきます。振替日を給料日に設定すれば、残高不足で振り替えられないということがありません。

投信積立 （P156参照）

毎月、一定金額分の投資信託を購入するもの。1回、設定すれば、あとは手間いらずです。途中で購入金額を変更することもできます。定期預金よりも高利回りを期待できますが、元本割れするリスクもあります。

100万円貯蓄は1日にして成らず

継続は力なり。少額ずつでも貯め続ける

100万円なんて、私には夢のまた夢
手が届かないよ〜

そんなことないわよ
100万円貯める黄金ルールは、
とにかく貯め続けること

私でも、貯められるかな〜？

もちろん！
途中でやめなければ、必ず貯まるわよ

自分なりの100万円達成プランを立てる

目標!! 1年で100万円貯める場合には……

1カ月				ボーナス(年)		
5万円	×	1年	＋	40万円	＝	100万円

目標!! 2年で100万円貯める場合には……

1カ月				ボーナス(年)		
3万円	×	2年	＋	28万円	＝	100万円

目標!! 3年で100万円貯める場合には……

1カ月				ボーナス(年)		
2万円	×	3年	＋	28万円	＝	100万円

自分の目標

1カ月				ボーナス(年)
万円	×	年　　カ月	＋	万円

＝ 100万円達成!!

100万円になるのは何年後？

月の貯金額を1万円から10万円に設定して、
何年後に100万円に到達するかを試算すると……

1万円/月	×	8年4カ月	＝	100万円	年2回のボーナスから 10万円ずつプラスすると 3年4カ月に短縮
2万円/月	×	4年2カ月	＝	100万円	年2回のボーナスから 10万円ずつプラスすると 2年6カ月に短縮
3万円/月	×	2年10カ月	＝	102万円	年2回のボーナスから 7万円ずつプラスすると 2年に短縮
4万円/月	×	2年1カ月	＝	100万円	
5万円/月	×	1年8カ月	＝	100万円	
6万円/月	×	1年5カ月	＝	102万円	
7万円/月	×	1年3カ月	＝	105万円	ボーナスから プラスすると 1年以内に達成可
8万円/月	×	1年1カ月	＝	104万円	
9万円/月	×	1年	＝	108万円	約1年で貯めるには 月8～10万円 貯金する必要あり
10万円/月	×	10カ月	＝	100万円	

毎月、コツコツ貯金する

¥10,000
¥10,000
¥10.000
¥10.000
¥10.000
¥10.000
¥10.000
¥10.000
¥10.000
¥10.000
¥10.000
¥10.000
¥10.000
¥10.000

100万円貯蓄の山頂を目指そう

ボーナスの上手な使い方

まとまったお金が入ったときこそ“貯め力”を底上げする

ボーナスでやってはいけない 5つのこと

お給料とは別にまとまったお金を手にすることができるボーナスは、貯蓄アップにつながる大切な資金。賢く貯めて、使うことが、貯め力を上げるコツです。

✕ ボーナスを給与口座に入れっぱなしにしない

給与口座にボーナスを入れっぱなしにすると、月々にかかるお金とごっちゃになって、いつの間にかボーナスがなくなっていた……という事態も。貯蓄用口座をつくり、いったんその口座に移してから計画的に使うようにします。

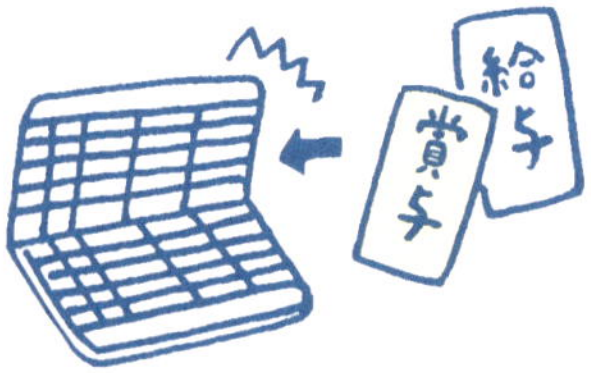

✕ ボーナスは全額貯め込まない

貯金をふやしたいからと、ボーナスに手をつけず丸々貯金するのは、あまりオススメできません。貯め力を上げるには、「貯める」と「使う」のバランスが大事。「貯める」に偏りすぎるとストレスがたまって、挫折することも。

ボーナスが出てから使い道を考えない

ボーナスが支給されるのは、ほとんどの会社で半年に1回。つまり使い道を考えるのに半年間の猶予があるということです。家電の買い替え、イベント費、欲しいモノなどを書き出して、前もって使い道を取捨選択します。

使い道を考えるのは楽しい〜♪
賞与
全部使っちゃ、ダメよ

賞与

ボーナスで月々の赤字を補てんしない

月の家計は、その月で収支が合うようにするのが基本。「足りなくなったらボーナスで補てんしよう」では、せっかくのボーナスが生活費に消えてしまいます。赤字が続くようなら、生活費が少なすぎるのかもしれません。月の予算立てを見直しましょう。

ボーナス一括払いはしない

家電の買い替えなどはいいとして、バッグや洋服など少し高めの買い物をボーナス一括払いにするのはNG。「お楽しみ費」を貯めて、買うのが筋です。ボーナスが予想よりも少なかった場合、支払いが困難になる危険性も。

私、いつもボーナス一括払いにしていたわ
それは、もう卒業しましょうね

急な出費で貯金を崩さない

年間で出ていくお金を管理する

APRIL 4

・歓迎会
・

予算
月々から出す分　円
ボーナスから出す分　円

JANUARY 1

・お年玉
・冬ものバーゲン

予算
月々から出す分　円
ボーナスから出す分　円

MAY 5

・ゴールデンウィーク
・母の日　・自動車税

予算
月々から出す分　円
ボーナスから出す分　円

FEBRUARY 2

・バレンタインデー
・

予算
月々から出す分　円
ボーナスから出す分　円

JUNE 6

・父の日
・

予算
月々から出す分　円
ボーナスから出す分　円

MARCH 3

・送別会
・

予算
月々から出す分　円
ボーナスから出す分　円

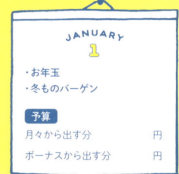

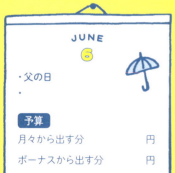

年間の特別出費を書き出す

月収ではまかなえないイベント費をリストアップ。家族の誕生日、友人の結婚披露宴の日程なども記入。予算を見積もってどこから捻出するかを考えます。

JULY 7

・夏ものバーゲン
・

予算

月々から出す分　円

ボーナスから出す分　円

AUGUST 8

・夏休み
・帰省

予算

月々から出す分　円

ボーナスから出す分　円

SEPTEMBER 9

・シルバーウィーク
・

予算

月々から出す分　円

ボーナスから出す分　円

OCTOBER 10

・ハロウィン
・

予算

月々から出す分　円

ボーナスから出す分　円

NOVEMBER 11

・
・

予算

月々から出す分　円

ボーナスから出す分　円

DECEMBER 12

・クリスマス
・忘年会　・帰省

予算

月々から出す分　円

ボーナスから出す分　円

貯めるモチベーションをアップ

年間で貯められるお金をふやす

1年間で貯められるお金

D 年間で出ていくお金 ＝ 1年間で貯められるお金

ここがPOINT!
ここを見直せば1年間で貯められるお金がふえる

【ここを見直して減らす】

ここを削るのは難しい

毎月の決まった出費

住居費や保険料などの決まった出費を減らすのは、引っ越しや契約変更などの手間がかかります。→P60、61

今月使えるお金

「生活費」+「お楽しみ費」を少しずつ減らすことで、貯金にまわせるお金をふやすことができます。

1カ月の貯金額は、手取り月収の10～15％が目安だけど、出費を減らすことで、もっと貯められるようになるのよ

ここがPOINT!
1カ月の出費を減らせば
貯金額がアップ

(A) 手取り月収 − (B) 1カ月の支出合計 × 12カ月 ＋ (C) ボーナス −

キリ子の場合

- (A) 手取り月収25万円
- (B) 1カ月の支出合計21万2500円
- (C) ボーナスから年間40万円
- (D) 年間で出ていくお金10万円

(A) 25万円 − (B) 21万2500円 × 12カ月 ＋ (C) 40万円 − (D) 10万円 ＝ **75万円**

↓

(B) 1カ月の支出合計を2万円減らして19万2500円にして、
(D) 年間で出ていくお金を2万円減らして8万円にすると

26万円UP!

25万円 − **19万2500円** × 12カ月 ＋ 40万円 − **8万円** ＝ **101万円**

ライフ＆マネープラン表をつくる

10年後、20年後の自分をイメージする

	20　年 8年後	20　年 7年後	20　年 6年後	20　年 **5年後**	20　年 4年後	20　年 3年後	20　年 2年後	20　年 1年後	20　年 現在	
	歳	歳	歳	歳	歳	歳	歳	歳	歳	私（　）
	歳	歳	歳	歳	歳	歳	歳	歳	歳	配偶者（　）
	歳	歳	歳	歳	歳	歳	歳	歳	歳	第1子（　）
	歳	歳	歳	歳	歳	歳	歳	歳	歳	第2子（　）
	歳	歳	歳	歳	歳	歳	歳	歳	歳	第3子（　）
										私と家族の将来の夢とイベント
										必要になるお金

私のライフ＆マネープラン表

「先のことなんか、わからない」という人も、時系列のライフ＆マネープラン表をつくってみると、5年後、10年後、20年後の自分をイメージしやすくなります。結婚や第1子の誕生は何年後で何歳のときか、だいたいの予想でいいので記入してみましょう。また、それぞれのライフイベントにかかるお金も記入すると、貯めるモチベーションが上がるはず。

20　年 25年後	20　年 **20年後**	20　年 15年後	20　年 14年後	20　年 13年後	20　年 12年後	20　年 11年後	20　年 **10年後**	20　年 9年後	
歳	歳	歳	歳	歳	歳	歳	歳	歳	
歳	歳	歳	歳	歳	歳	歳	歳	歳	
歳	歳	歳	歳	歳	歳	歳	歳	歳	
歳	歳	歳	歳	歳	歳	歳	歳	歳	
歳	歳	歳	歳	歳	歳	歳	歳	歳	

貯まる生活の始め方③

キリ子、お金を管理する

STAGE
4

お金が貯まる小さな習慣

お金を貯めるには生活習慣そのものを
見直すことがポイントなんです。

節約テクだけでは貯まらない

本当に大切なのは、テクではなくライフスタイル

私だって、前から貯金しなくちゃと思ってはいるのよ。
雑誌やテレビで節約ネタを紹介していたら、試してみるもの。

でも、続かないでしょ？

う〜ん、それを言われると痛いな〜。

お金を貯めることって、ダイエットと似ているの。
話題のダイエット法を次から次へと試しても、三日坊主で長続きしないと、
一時的には体重が減っても、リバウンドしちゃうでしょ。
ダイエット法も大事だけど、
生活自体を健康的にダイエットできるように変えないとね。

お金を貯めることも同じなの？

お金は時間をかけないと貯まらないものなのよ。
やみくもにお金を使わないようなムリな節約をしても、
長続きするわけないし、むしろ我慢が爆発して爆買いに走ったり。
ダイエットのリバウンドと同じよね。ムリや我慢をしてお金を貯めるのではなく、
〝貯まる生活〟が自分にとって快適になるようにならないとね。

〝貯まる生活〟か〜。私でもできるかな？

貯まる生活習慣

お金が貯まる人のライフスタイルにも共通点がある

貯まらない人と同じように、貯まる人にも習慣や行動に共通点があるのよ

じゃ、それを真似すれば、貯まるようになるってわけね

月1回、通帳を記帳する

給料日後、その月の生活費をおろすときに必ず記帳。ついでに水道光熱費やクレジットカードの支払いなど、口座引き落とし分の金額もチェックします。

頑張らなくても できることを続ける

頑張らないとできないことは、たまにできても、毎日するのはしんどいもの。たとえばムリなくつくれる簡単な食事を続けて、外食費を抑えます。

手数料や年会費に敏感

払わなくても済むお金は払いません。たとえばATMは手数料がかからない時間帯に利用する、年会費に対してメリットが少ないクレジットカードなどは解約します。

時間をお金で買わない

つくるのが面倒だから外食したり、お惣菜を買ったり、ラクに移動したいからタクシーを利用するなど、時間をお金で買うようなことはしません。時間もお金も、使い方を考えます。

観葉植物を育てている

植物を育てるには水をあげたり、日に当てたりという日課があります。お金を貯めることも、同じことを毎日コツコツ続けることが大事。植物を育てるように、お金も地道に貯めます。

やるべきことを先延ばしにしない

「思い立ったが吉日」で行動します。お金を貯めるのも、「ボーナスが出たら」「給料が上がったら」ではなく、今できることからすぐに始めます。

調べることを面倒くさがらない

わからないことがあると、自分で調べる習慣があります。保険、年金、お金の運用などについても人任せではなく、自分なりに納得するまで調べます。

ちょこちょこ買わない

フラリとお店に寄っては、ちょこっと買うということがありません。買い物に行く回数を減らして、手間と時間のムダを減らします。

“書く”と貯まる

貯まる人は書いたり、メモしたり、
リストアップすることが習慣になっています。

家計簿を書く

書くことで1カ月のお金の流れを把握。水道光熱費など毎月の決まった出費も書くことで金額が頭に入り、「今月は使いすぎかも」とチェックできます。

買い物リストを書く

買い物リストを持参すれば、リストにあるモノだけを買えばいいので、買い物時間が短縮。買い忘れやダブリ買いもありません。

TODOリストを書く

その日のうちに、1週間以内に、1カ月以内になど、期間を決めて、やるべきことを書き出します。時間管理はお金管理につながります。

日記を書く

1行でもいいので今日の出来事や思ったことを書きます。日課を続けられることは、お金を貯められる基本的な能力でもあります。

備忘録を書く

観たい映画、読みたい本、気になる情報など、思いついたことをメモしておきます。「あれ、なんだっけ？」とムダに悩む時間がありません。

“早起き”すると貯まる

貯まる人は、朝、早起きして出勤までの時間を有効に使って、「早起きは三文の得」を実践！

朝食とお弁当をつくる

朝食は家で摂るのが基本。ついでにお弁当もつくれば、2食分を安く上げることができます。出勤途中でコンビニやカフェに寄って、朝から外食代を使わずに済みます。

お財布をチェックする

お財布から前日のレシートを出して、出費を家計簿や手帳に記入。昨日、自分がなににいくら使ったかを把握することができます。

冷蔵庫をチェックする

夕飯の献立をざっくり考え、足りないモノがあれば、仕事帰りにスーパーに寄って買い足します。この習慣で余計な外食をしなくて済みます。

その日の予定を確認する

その日の出費予定がわかれば、事前にお金を用意することができます。夕方になって、あわててATMでおろして、時間外手数料を払うことがありません。

夜更かししない

早起きの習慣があると、自然と夜も早く就寝するようになります。早く寝れば、エアコンや照明も早めにOFFになり、節電にも役立ちます。

貯まる人の思考回路

お金が貯まる人の考え方にも共通点がある

お金は人生を楽しむための道具

貯めること自体が目的なのではなく、「○○をするため」という目標のために貯めます。自分がしたいこと、行きたいところ、欲しいモノ、なりたい自分を実現することが、お金を貯める目的です。

お金をかけずに手間をかける

なんでも、「買えば済む」とは考えません。たとえば、お店で見たステキなポーチやヘアアクセをハンドメイドしてみる、毎回、ネイルサロンに行かずに自分でケアしてみるなど。できそうなことには、レッツトライ！

お金をたくさん貯めている人って、ケチじゃなくて、ポジティブでステキな人が多いのよ

お金に余裕があると、女としての魅力も上がるのかな～？

できることをコツコツ重ねる

貯まる人みんなが、もともと貯められる人だったわけではありません。むしろ、以前は貯め下手さんだった人が多いかも。「きょうはコンビニに寄らずにまっすぐ帰れた」「週2回、お弁当をつくれた」などできることを続けて、貯まる人へと成長していきます。

楽しみを先延ばしにできる

「欲しい」「買いたい」などの欲求をコントロールできます。「今これを我慢してお金を貯めたら、もっと大きな買い物ができる」など“今”ではなく“先”の楽しみをイメージ。本当のお得を手に入れます。

“自分基準”をもっている

物事の選択基準が見栄やまわりの評価ではなく、自分が基準。「みんなと同じじゃないと不安」「まわりからどう思われるかが気になる」といった“他人基準”でお金は使いません。だから、満足度の高いお金の使い方ができます。

得するよりも損しないことを考える

ポイントをためることや、特売品を買って得することに四苦八苦するよりも、ムダなお金を使わないように気をつけます。たとえばATM手数料を払うことや食材を腐らせて処分することなど。損を防止することを考えます。

こんなことしてない？

今すぐやめるだけで貯まる5つのこと

思い当たることがあったら、即やめよう！

新しいことを始めるよりも、
今やっていることをやめる方が簡単です。

日用品の買いだめをやめる！

その月の予算内で買う分にはいいのですが、特売品のまとめ買いで予算が崩れるようでは本末転倒。お金はいつでも日用品に換えられますが、いったん買ってしまった日用品はお金に換えることはできません。

帰宅したらすぐテレビをつけるのをやめる！

水道光熱費の節約は、やりすぎるとストレスがたまるもの。でも、帰宅してすぐテレビをつけたまま、見もしないのにつけっぱなしにするのをやめるくらいの節電はやってみてもいいかも。

モトがとれる見込みの低い自己投資をやめる！

「いつか仕事に役立てるため」「自分磨きのため」など自己投資のつもりの習い事はいったん棚卸しを。自己投資ではなく、趣味やレジャーになっていないかをチェックして。

用もないのにコンビニに寄るのをやめる！

「○○を買う」という目的がないときに、コンビニに寄る習慣をやめます。誘惑に弱い人は、普段、コンビニの前を通らないように、通る道をちょっと変更するのがオススメ。

お金を使うたびに罪悪感をもつのをやめる！

お金を貯め始めると、「とにかく節約」という気持ちが強くなり、使うことに後ろめたさを感じることも。我慢ばかりでは長続きしないので、〝貯める〟と〝使う〟のメリハリが大事。

毎日、消耗するモノだから"チリ積も"

日用品費を見直す

貯まる習慣と考え方についてわかったところで、
次に節約テクを実行してみない？
1つ1つの節約効果は小さくても、
「チリも積もれば」でムダな出費にブレーキがかかるのよ

なるほど、
できることからやってみようかな～

なくなりそうになってから買う

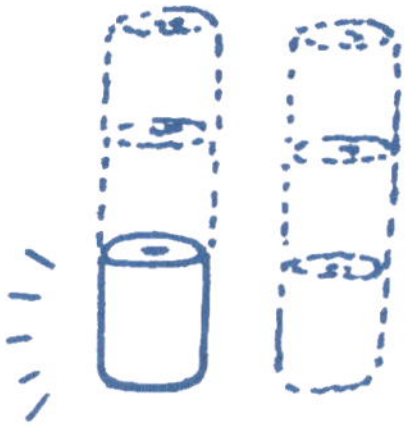

「日用品を買いだめしない」ことは、貯まる習慣のイロハの「イ」。洗剤類は今使っているモノが、「あと2～3日でなくなりそう」というタイミングで。トイレットペーパーは残り1～2ロール、ティッシュペーパーは残り1箱になってから買っても十分間に合います。

日用品の買い物は月1回に

シャンプー＆コンディショナーは2カ月に1本ずつ、食器用洗剤は2カ月半に1本、お風呂用洗剤は3カ月に1本……など、消耗するペースはだいたい決まっています。今月、買うモノのリストをつくり、特売日やポイント○倍デーに限定して月1回まとめて買うのがオススメ。ちょこちょこお店に寄って、ムダ買いするのを防げます。

ネットスーパーのセールを狙う

ネットスーパーには定期的にセールを実施しているところもあるので、その期間を狙ってまとめ買いするのも節約テクのひとつ。ただし、買いすぎ防止のために、事前に買い物リストを作成し、リストにあるモノだけを買うようにします。

こだわりのアリ・ナシを決める

シャンプー＆コンディショナーは多少値段は張ってもお気に入りのモノを、トイレットペーパーやティッシュは特売品やPBブランドでOKなど、品質にこだわるモノと消耗品として割り切るモノを分けます。節約するにはメリハリが大事。

買うお店を決めてポイントをためる

日用品を買うお店を決めて、集中的にポイントをためます。特売品につられて、あちこちのお店で買うと、ポイントが分散してなかなかたまりません。効率的にためるには、いつも買うお店を決めるのがコツ。ためたポイントは期限切れになる前に必ず使うように。

ドラッグストアの「本日大特価」に惑わされない

ドラッグストアの特売日は定期的にあるので、たまたま見かけた「本日大特価」につられて買いすぎないように。ストックがたくさんあると、ムダに使ったり、置き場所に困ったり。行きつけのドラッグストアをつくり、セール日をチェックしておくと役立ちます。

食費を制する者はやりくりを制する

食費を見直す

買い物回数を減らす

スーパーに行くと、余計なモノをつい買ってしまうもの。行かないことが、一番の節約です。買い物回数は週1～2回程度に。卵、牛乳、パンなど必要なモノが切れた場合は、それだけを買って、レジに直行。

スーパーに行く前に冷蔵庫内を撮影

買い物メモをつくるのが面倒なら、冷蔵室、野菜室、冷凍室の写真をそれぞれパチリ。在庫をチェックして、買い忘れやダブリ買いを防止します。

肉・魚がなくなったら買い物に行く

メインおかずになる肉と魚の両方が在庫切れになってから、買い物に行きます。どちらかがあれば、1食分くらい、なんとかつくれるものです。「買い物に行かなきゃ」と思ったとき、あと1日踏ん張って、家にあるモノでつくれば、節約にも在庫整理にもなります。

値引き品をフル活用する

30%引き

仕事帰りに買い物をするなら、値引き品を見逃す手はありません。夕方の買い物ラッシュが終わった夜7時以降は値引き品の宝庫。特に、その日のうちに売りきりたい鮮魚は、どんどん値引きするので、かなりお買い得です。

お買い得大量パックより食べきれる量を買う

100グラム当たりの値段が安い大量パックはお得ですが、消費期限内に食べきれずにムダにしてしまっては元も子ありません。お金を出して買った食材を捨てるのは、お金を捨てるのと同じ。多少割高でも、食べきれる分を買いましょう。

行きつけのスーパーをつくる

行きつけのスーパーなら、どこになにがあるかわかっているし、値段の相場も把握しているので、買い物に時間がかかりません。スーパーの滞在時間が長くなるほど、誘惑が多くなるので、買い物は短時間で終わらせることが大事。

初めて行くスーパーって、
ワクワクしちゃうのよね
テンションが上がると
余計なモノをつい買っ
ちゃうから要注意

節約すればお財布にも地球にも優しい

水道光熱費を見直す

水道

水の出しっぱなしをやめる

歯磨きや洗顔のときに水を出しっぱなしにする人は、いったん止めるように習慣づけましょう。それだけでも節水になります。

洗濯機のすすぎ1回の洗剤を使う

液体洗剤などすすぎが1回で済むモノを使用します。電気代の節約にもなり、一挙両得です。

ガス

鍋底の広いフライパンを活用

炎のあたる面積が広いので、熱伝導が効率的です。パスタを茹でるときも鍋ではなく、フライパンを使うといいかも。

給湯器の設定温度を調節する

食器を洗うときはぬるめに、お風呂やシャワーを使うときは熱めになど温度を調節すると、ガス代が抑えられます。

週に1回は「コールドミール」に

週に1回くらい、火を使わないサンドイッチなどを夕飯にしても。野菜、ハム、チーズ、ツナなどを挟めば、栄養バランスもバッチリ♪

「コールドミール」って、冷や飯ってこと？

違います。ドイツ式のシンプルな食習慣のことです

電気

エアコンはつけたり消したりしない

エアコンは、スイッチをONしたときに電力を多く消費します。節約しようと、こまめにON－OFFするのは、かえって電気代のムダに。一定温度で自動運転した方が節電になります。

エアコンは設定温度を調節する

夏場の冷房の設定温度は28度、冬場の暖房は20度が目安。設定温度を1度上げ下げするだけでも節電効果があります。

掃除機は「強」「弱」を使い使い分ける

カーペットは「強」、フローリングは「弱」など使い分けを。また、フローリングは掃除機だけではなく、電気代のかからないフローリングモップでも併用しましょう。片づけてから一気にかけた方が、電気も手間もムダがありません。

冷蔵庫は7割収納

冷蔵室は詰め込みすぎると冷気の循環が悪くなり、冷えにくくなります。反対に、冷凍室はすき間なくピッチリ入れた方が冷却効果があります。

設定温度を調節する

1年中、同じ設定温度ではなく、夏場の暑いときだけ「強」、冬場は「弱」など調節するのがオススメ。

冷気の吹き出し口に注意

冷蔵室内にある冷気の吹き出し口の前にモノを置くと、冷気が十分に行き渡らなくなるので注意を。

電子レンジで解凍しない

冷凍保存していた肉は電子レンジで解凍せずに、冷蔵室で解凍します。節電になるほか、肉のうま味を含んだ肉汁（ドリップ）が出すぎるのを防げます。

炊飯器で「保温」しない

「保温」は意外と消費電力量が多いもの。炊けたら、スイッチをOFFにして、炊きたてを早めにいただきましょう。

賢く使って、お得をゲット！

おしゃれ費、外食・レジャー費、通信費を見直す

コスメ

高いコスメと安いコスメを使い分ける

たとえば、効果を期待したい美容液は高いモノを使うけど、たっぷり使いたい化粧水はドラッグストアコスメでOK。肌をキレイに見せたいからファンデーションにはこだわるけど、新色を試したいアイシャドウやチークはプチプラコスメを使うなど、上手に使い分けを。

サンプル品を使い切る

サンプル品はもらったままにしておかず、どんどん使いましょう。使わずに放置しているようなら処分を。「化粧品サンプルプレゼント」でネット検索するといろいろヒットします。

格安ネットサイトを利用

ブランド化粧品は、ネットで購入すると安く買えることも。「格安コスメ」で検索すると、“あのあこがれ”のブランドコスメが、定価よりかなりお得に購入できます。

ファッション

インナーはファストファッションで

ファストファッションは値段の割には品質がよく、コスパ的には優秀です。特に、インナーは消耗品と考えて、低価格のモノを短いサイクルで買い替えるのも手です。

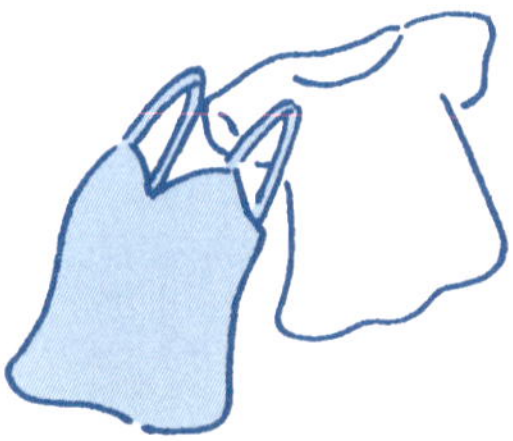

外食

クーポン券ゲットは常識

外食の予定があるときは、事前にクーポン券を入手。飲食・グルメ系のサイトをチェックして、クーポン券を発行しているお店を利用しましょう。

旅行

「ビジネスパック」で旅行を

出張などでよく使われる「ビジネスパック」を個人旅行に活用。航空券・新幹線・JRのチケット代と宿泊代がセットになっていて、別々に買うよりお得です。

スポーツ

公共のスポーツ施設を利用する

今どきの公共のスポーツ施設は設備が充実しています。入会金や年会費なしで、1回数百円で利用できるところもかなりあります。勤務先や住まいの近くの施設を要チェック。

携帯・スマートフォン

格安スマホに切り替える

格安SIMとスマホ本体をセットにした格安スマホにすると、月額料金が2000～3000円に抑えられます。ただし今、契約している携帯電話会社と2年縛りがある場合は、切り替えのタイミングにご注意を。

お金が貯まる財布とは？

お財布を見れば、貯まる人か、貯まらない人かが、すぐわかる

お財布はお金のおうちなのよ

居心地よくすれば、
長居をしてくれるってわけね

お友だちも呼んでくれるかも

諭吉さんが
大勢来てくれたらいいな～

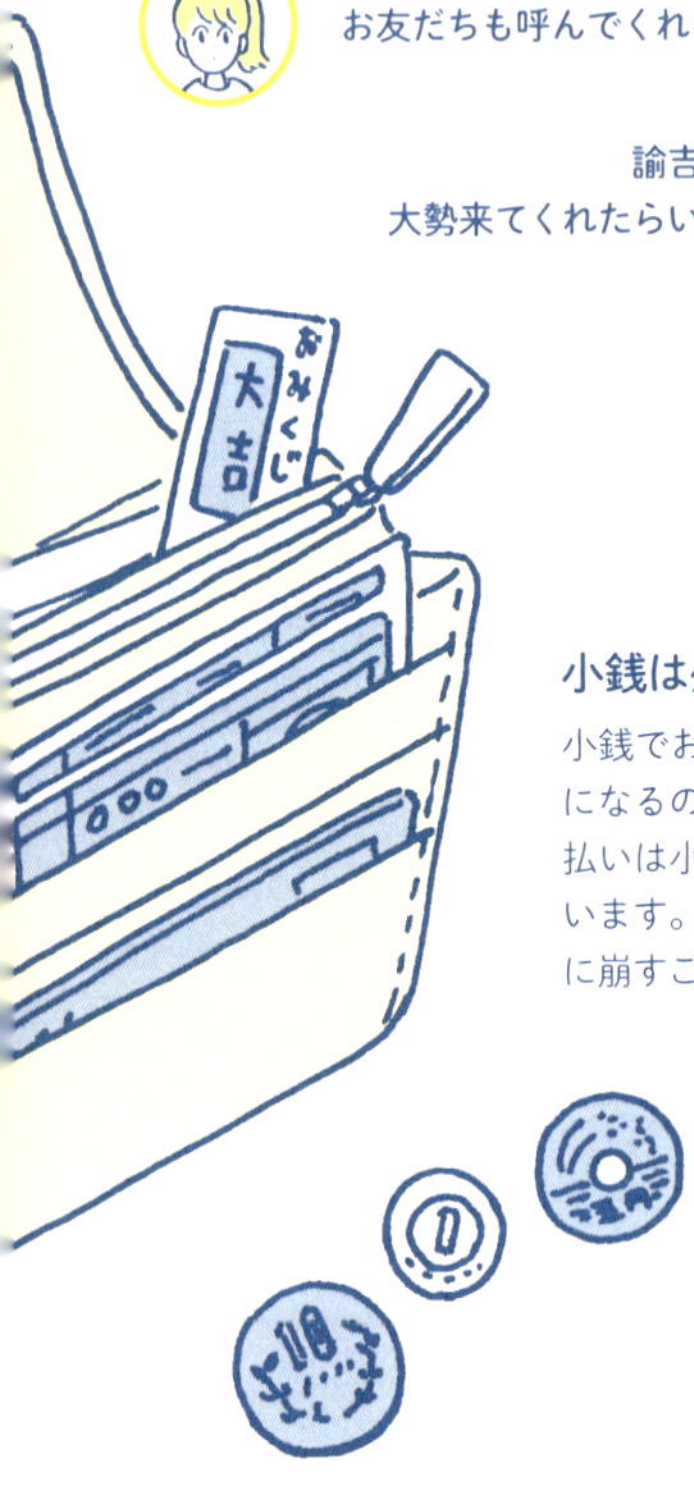

小銭は少なめ

小銭でお財布がパンパンになるのを嫌うので、支払いは小銭を優先的に使います。一万円札をすぐに崩すことはありません。

ベーシックカラーの長財布が多い

色は黒、茶、ベージュなど落ち着いた色が主流。長財布はお札とレシートを仕切りで分けられて便利。なかには「二つ折り財布は、お札が折れるのがNG」とお金を大事に扱っている人も。

クレジットカードはメインとサブの2枚

カード類は厳選して持ちます。クレカはよく使うメインと、なにかあったとき用のサブの2枚を携帯。使うカードが決まっているので、ポイントも集中的にたまります。

キャッシュカードもメインとサブの2枚

銀行口座が整理されているので、キャッシュカードも少なめ。給与振込口座のあるメインバンクとサブバンクとして利用しているネット銀行のカードなど。

お札の向きをそろえて入れる

金種別にお札の向きをそろえて入れているので、手持ちの金額がわかりやすくなっています。「お札の顔を内向きにすると出ていきにくい」のジンクスも。

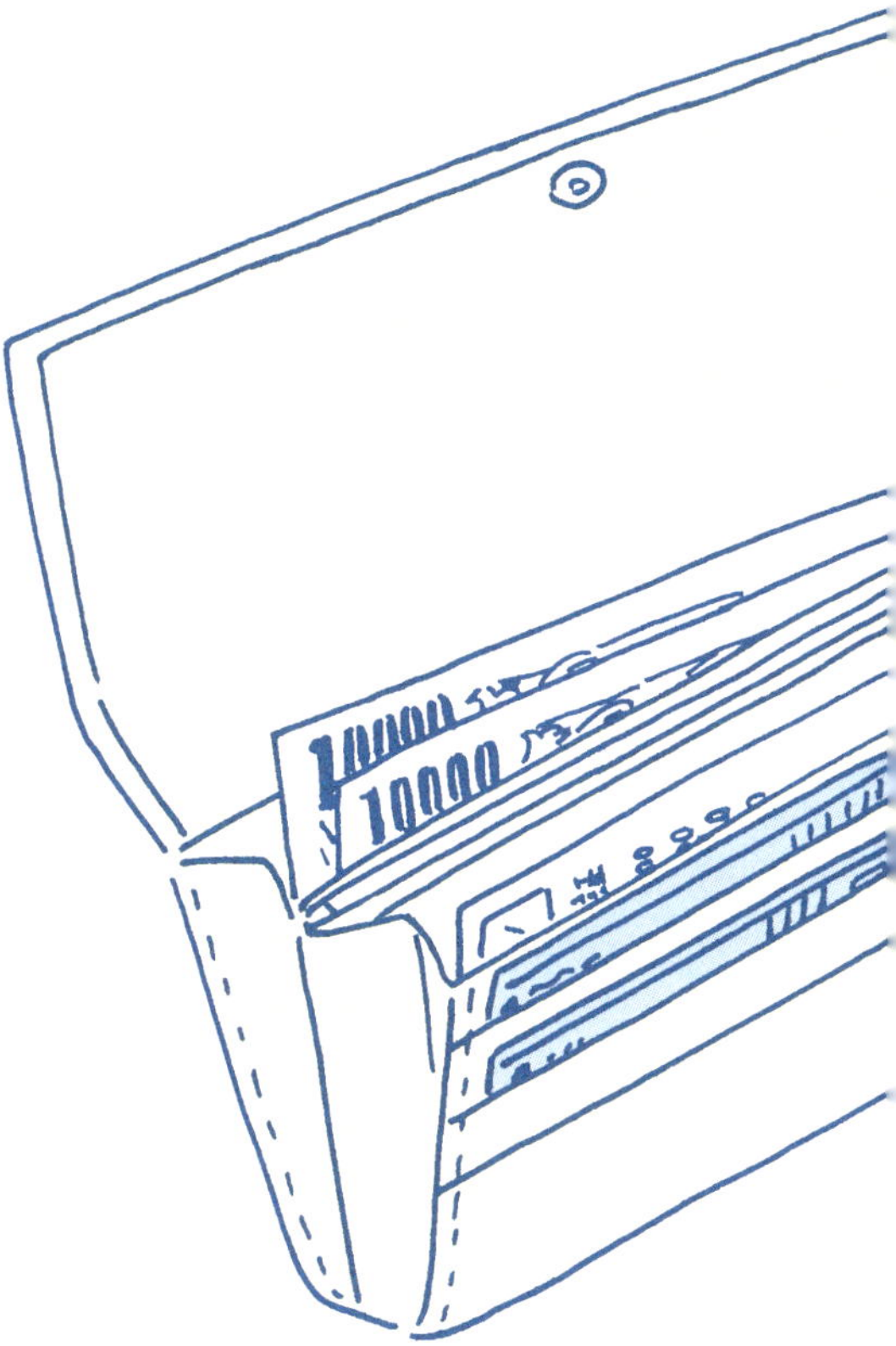

レシートはお札とは別の仕切りに

お札の間にレシートが挟まっているということはありません。レシートは毎日、帰宅後、お財布から出して、買い物内容を家計簿や手帳にメモします。

“マイラッキー・アイテム”を忍ばせている

大吉のおみくじ、ミニ招き猫、お守りなど。ムダ使いを防いでお金が貯まるゲン担ぎとして、小さなラッキーアイテムをお財布の中に入れています。

ショップカードは厳選

行きつけのスーパー、ドラッグストア、コンビニ、書店などがほぼ決まっているので、持ち歩くのは5枚以内。

運転免許証、保険証、診察券を携帯

IDとして必要になることもある運転免許証、勤務中や外出中に具合いが悪くなったときのために保険証とかかりつけの病院の診察券をお財布の中に入れています。

メタボ財布をダイエットする

クレジットカード&ポイントカードの正しい整理の仕方

処分すべきカード、持つべきカードのポイント

手持ちのカードを全部出してチェックしてみましょう。

自分のライフスタイルに合ったカードを持つ

使う機会が少ないということは、自分の生活パターンに合っていないということ。よく行くデパートやスーパーが決まっているなら、そこが発行するカード。ネットストアでよく買い物するなら、通販系のカード。車を運転するなら、ガソリン代が割引になる石油会社系のカードや、ETC機能つきなどが便利。飛行機をよく利用するなら、マイレージがたまる航空会社が発行するカードなど、普段の生活でポイントがたまりやすいカードを持ちましょう。

サブを持つなら国際ブランドを変える

クレジットカードの代表的な国際ブランドはVISA、MasterCard、JCB、Diners Club、American Expressの5つ。海外旅行によく行く人がクレカを2枚持つ場合には、メインとサブで国際ブランドを変えるのがオススメ。

ポイント還元率が1%以上

還元率を算出する基本は、○円をゲットするためにいくら使ったか？　たとえば、100円で1ポイントたまり、1ポイント＝1円の場合、1円÷100円＝0.01＝1%ということ。

ポイントの交換のしやすさもチェック

ポイント還元率だけではなく、ポイントの使いやすさもチェック。たとえば少ないポイント数から交換できたり、商品だけではなく電子マネーや商品券と交換できると便利です。

1年以上使っていないカードは処分

ポイントキャンペーンにひかれて、なんとなくつくってはみたものの、その後、1年以上使っていないカードは処分。使わなければポイントもたまりませんし、携帯中に紛失や盗難のリスクもあるので、処分するのがオススメ。

ショップカードも断捨離を

クレジットカード機能がついていないショップカードも整理しましょう。「年会費無料だから、持っていても損はない」では、お財布がどんどん太ってしまいます。半年以上使っていないものは処分を。

ミニお得情報

公共料金の支払いをクレカで

電気、ガス、水道、NHK受信料など毎月の決まった支払いをクレカで。たとえば、月2万円分を還元率1%のカードで払うと、年間で2400円お得。

年会費無料がいいとは限らない

旅行保険つき、レストランなどの優待サービスがあるなどトータルでモトとれ以上のメリットがある場合は、年会費がかかるカードを検討してみても。

お金使いのルール

貯めるだけじゃない！
お金は使ってこそ価値がある

お金って使い方次第で価値が違ってくるのよ。

えっ！　英世さんが諭吉さんになるの？

んなわけないでしょ！「特にムダ使いはしていません」という人ほど、
なんとな～くお金を使っちゃっているのよね。
本当に欲しいモノや必要なモノを買ってこそ、
お金を使った満足度があるし、買ったモノも大事にするでしょ？

安ければお得な買い物ができたというわけじゃないのね。

そうそう。あと、なんでも「並」を選ぶのも満足度が低い。
洋服は「並」でいいけど、靴はこだわりがあるから「上」にするとか。
普段の生活は「並」だけど、年に1度の海外旅行は「特上」にするとか。

メリハリが大事ってことね。

将来に役立つ使い方

本当に欲しいモノや必要なモノを事前によく調べて買うと、満足度が高いお金の使い方ができます。

- □ 友人へのプレゼントやお世話になった人へのお礼など、おつき合いにかかるお金はケチらない
- □ 欲しいモノリストをつくって、優先順位を考えてから買う
- □ 本当に欲しいモノ、気に入ったモノは高くても買う
- □「ごはんをつくるのが面倒だから」の理由で外食することはない
- □ 欲しいモノがあったらネットで商品情報や値段の相場を調べる
- □ 知識や経験をふやすことにお金を使うことを心がけている

☑が4つ以上のあなたは、
将来に役立つお金の
使い方をしています。

残念な使い方

安物買い、衝動買い、見栄買い、モトとれ度が低い買い物などは満足度が低く、お金の価値を活かせてません。

- □ ○つまとめ買いで値引きはお得だと思う
- □ 半額セールになっていたら、2つ使う
- □ 飲食店や洋服店のお得なアプリを10以上ダウンロードしている
- □ 食べ放題、飲み放題はお得だと思う
- □ 特に贅沢も、ムダ使いもしていない方だと思う
- □ 買い物がストレス発散法になっている

☑が4つ以上のあなたは、
残念なお金の使い方が
習慣になっているかも？

欲しい！ と思ったら……

“物欲”との向き合い方

◎売り場から離れて店内を1周して、買い物テンションを下げる
◎ネットストアの買い物は、いったん「お気に入り」に入れる
◎同じようなモノを持っていないか考える
◎それを使っている自分をイメージしてみる
◎「迷ったら買わない」をルールにする

家の中を片づけるとお金が貯まる理由《ワケ》

モノがあふれている、散らかっている、探し物が多い、ではお金が貯まらない

片づけとお金の関係を解き明かす 6つのカギ

家の中を片づけるとお金が貯まるのには、ちゃんとした理由《ワケ》があります。

1 部屋の乱れは お金の乱れ

家が散らかっていると、掃除機をかけるにしても、いちいちモノをどかす手間がかかったり、必要なモノがすぐに見つからず探し物が多かったりと、なにかとイライラするものです。そんな精神状態では、じっくりとお金のことを考えることはできません。結果、お金の管理がルーズになりがちです。

2 モノを捨てる 心の痛みを知る

片づけるには、不要品を処分する必要があります。使っていないとはいっても、お金を出して買ったモノなので、捨てるときに「もったいない」という気持ちが起こるものです。その心の痛みをいったん体験すると、次に買うときに慎重になり、ムダ買いが減ることに。

3 持ち物を把握して ダブリ買いがなくなる

今、自分が持っているモノの種類と量を把握することで、同じようなモノのダブリ買いがなくなります。適量もわかるので、必要以上のモノを買うこともありません。

4 家にいる時間が 楽しくなる

スッキリ片づいた家は居心地がいいもの。家でくつろぐのが楽しいと思うようになれば、休みの日に用もないのにフラリと出かけて、余計なお金を使うこともなくなります。

5 不要品を売れば お金になる

モノが多くて散らかっている家の片づけの第一歩は、モノを処分することにあります。自分には不要品でも、まだ使えるモノをネットフリマやリサイクルショップで売れば、お金になります。不要品の処分とプチ稼ぎの一石二鳥です。

6 モノの管理は お金の管理に通じる

入ってくるモノを把握して＝給料、残すモノを確保し＝貯金、処分するモノを決める＝出費と、考えようによっては、モノの管理とお金の管理にはかなりの共通点があります。実はモノに限らず、体重管理、時間・スケジュール管理など“管理能力”のある人は、お金の管理も上手なものです。

片づけのイロハの「イ」

「出す」↓「分ける」↓「しまう」の3ステップでスッキリ片づく

片づけるとお金が貯まることがわかったら、次は片づけの基本よ

引き出し1つ分など狭いスペースからやってみよう♪

まずは20～30分程度で終わる狭い場所からトライするのが無難。化粧ポーチ、文房具入れ、救急箱などでもＯＫです。

STEP1

全部出す

片づける場所に入っているモノをとにかく全部出して並べます。「こんなにあるのか！」とモノの多さに驚くはず。自分が持っているモノの量を把握することが、片づけの第一歩です。

モノのしまい方のルール

「取り出しやすく、元に戻しやすい」しまい方には、ちょっとしたルールがあります。

▽スペースを仕切る

引き出しにケース1つ、シンク下にコの字ラック1つ入れるだけでも、元の場所に戻しやすくなります。スペースが有効活用でき、ゴチャつきも防止できます。

▽同時に使うモノはまとめる

たとえば、家計簿、通帳、電卓をまとめて「お金管理セット」など。同時に使うモノをまとめておけば、あちこちから持ってくる手間いらず。

STEP2

「残す」「処分する」を分ける

「残す」「処分する」の判断は悩みだすとキリがないので、できれば5秒以内で。迷うモノは「保留用」の紙袋を用意して、その中に一時保管。1カ月後に見直して判断します。

STEP3

使いやすいようにしまう

残したモノを出し入れしやすいようにしまいます。すべてのモノに「定位置」を決め、使ったら元の場所に戻すを習慣に。STEP1～3はどんな場所にも共通するので、狭い場所で成功したら、他の場所でもトライしてみましょう。

▽〝8割収納〟を心がける

詰め込みすぎは禁物。「使いたいモノがすぐ見つからない」「モノが出し入れしにくい」と感じたら、8割オーバーのシグナル。持ち物の量の見直しを。

▽使用頻度の高いモノほど出し入れしやすく

日常的によく使うモノほど、出し入れしやすい場所にしまいます。しゃがんだり、背伸びをしなくても取れる位置や、「奥」ではなく「手前」に。

▽〝動線〟上に収納場所をつくる

たとえば、洗面所に下着やタオルの収納をつくれば、取りに行く手間がなくなります。少ない移動でモノが出し入れできる工夫を。

▽使う場所の近くにしまう

使う場所としまう場所が離れていると取りに行ったり、しまいに行ったりする手間がかかります。そのうち面倒になり出しっぱなしに。使う場所の近くに収納を確保しましょう。

捨て下手さんもこれでスッキリ!

モノの捨てどきを見極める

捨てるのに迷ったら、
これを基準にしてね

なるほど、
わかりやす〜い♪

服

「痩せたら着るかも」ではなく、サイズアウトした服は潔く処分。サイズはOKでも、実際に着てみて異和感があったら、捨てどきかも。

靴・バッグ

旅行用、冠婚葬祭用は別として、2年間使わなかったモノは使いにくいか、手持ちの服に合わないということ。捨てどきです。

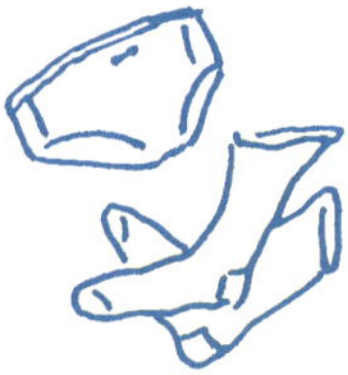

下着・靴下

ゴムが伸びていたり、レースがほつれていたら処分。タグの部分が薄くなっている、毛玉がついているモノもサヨナラを。

アクセサリー

片方しかないピアスやイヤリングは迷わず処分。2シーズン身につけなかったモノは、その後も出番がない可能性大です。

コスメ

開封したら酸化がすすむので、半年以上たっても使いきれない場合は処分を。またサンプル品はため込まずに、どんどん使いましょう。

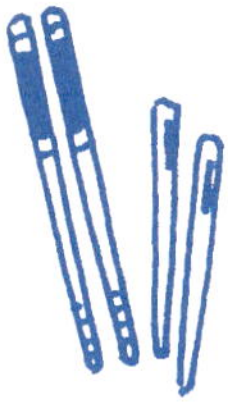

箸・菜箸

箸は先が欠けたり、色がはげたら捨てどき。菜箸も先端が焦げてきたら処分。お正月に箸を新調するのもオススメです。

保存容器

フタがピッチリしまらない、本体にニオイがついている、黄ばみなど色素沈着しているモノも捨てどきと考えましょう。

本・雑誌

「本はこの棚1段分」、「雑誌はマガジンラックに収まるだけ」などスペースを決めて、あふれた分は処分するルールに。

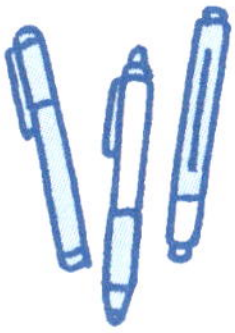

ペン

インクの出が悪くなったモノは捨てます。同じようなモノは「2本まで」など数を限定して、増えすぎるのを防止。

紙袋

「ブランドもの」「かわいいから」などの理由で取っておきがちですが、紙袋1つ分、引き出し1段分などスペースを限定。

取扱説明書

本体自体がないモノは速攻で処分。取扱説明書がメーカーのサイトにアップされている製品もあるので要チェック。

年賀状

特に思い入れのあるモノ以外は、処分してもOK。最新版は住所録として保管します。

請求書

請求書は基本的には支払いが済んだら処分してもOKですが、念のために保管しておく場合はファイリングして。

思い出の品

箱を1つ用意して、思い出の品の中から残したいモノ順に入れていきます。入りきらないモノとはお別れしましょう。

引き出物

2年間、箱に入ったままになっていたら売りましょう。誰かに使ってもらう方が、モノとしての役目を果たすことに。

お金が貯まるクロゼット

クロゼットを整理すると ムダ買いがなくなり、お金が貯まる

クロゼットを整理すると お金が貯まる理由

1. 手持ちの服をフル活用できるから、ムダ買いが減る。
2. 朝の身支度がスムーズで気分がいいから、仕事がはかどる。
3. ギューギューに詰めないから、服が傷むのを防げる。

真ん中のハンガーゾーンはかける服を

ハンガーにかけて収納するモノはここに。端から丈の長いモノ順にすると、下の空きスペースが有効に使えます。

クリーニングのビニールカバーは取る

ビニールをしたままだと湿気がこもります。コートやジャケットなどホコリがつくのが気になる場合は、肩の部分だけビニールを残してカットします。

8割収納を心がける

ハンガーをギューッと寄せなくても服が出し入れできることが、8割収納の目安。詰め込みすぎて服をムリに引っ張って出すと傷みの原因にも。

上の棚には出番の少ないモノを

たまにしか使わないバッグ、型崩れが気になる帽子、「思い出BOX」などを。箱や袋に入れて収納する場合は、中身がわかるようにラベリングします。重たいモノを置くのはNG。

ハンガーの向きをそろえる

ハンガーの向きがバラバラだと、服が出し入れしにくいだけではなく、ゴチャつく原因になるので、向きをそろえます。また、今ある本数以上、ふやさない決まりにすれば、「1着処分してから1着買う」が習慣になります。

衣装ケースの上は毎日使うバッグ置き場に

玄関やリビングの床、ソファの上にポイ置きすることがなくなります。

衣装ケースを置いて畳んでしまう服を

ニット類、ハンガーにかけにくい柔らかい素材の服、Tシャツ、デニムなどを収納。ハンガーにかけると素材が伸びやすいトレーナーも、畳んでしまうのが正解。上段には軽い素材のモノ、下段にはデニムなど重い素材のモノを。

お金が貯まる冷蔵庫

冷蔵庫を整理すると食材のムダがなくなり、お金が貯まる

冷蔵庫を整理するとお金が貯まる理由

1. 食品を腐らせたり、消費期限切れにしないから、食費が減る。
2. ごはんをつくるのが楽しくなり、外食が減る。
3. 必要なモノがすぐに見つかるから、ドアを開けっぱなしにする時間が短縮されて節電になる。

使いかけはクリップでとめる

小袋入りの削り節や粉末調味料の使いかけは、クリップでドアポケットのケースの端にとめて、迷子を防止。

ドアポケットは詰め込みすぎない

出し入れしやすい場所ですが、詰め込みすぎはNG。2列に並べる場合は、奥に背の高いモノ、手前に背の低いモノを置くと奥のモノを使い忘れません。

冷凍食品は立てる

冷凍食品は重ねると下のモノが取り出しにくく、使うのを忘れがちに。数が少なくて倒れる場合はブックエンドを使用。

一番上の棚はドリンク類のストックエリアに

手も目も届きにくい位置なので、ペットボトル飲料などのストックを。横にして寝かせて置くと奥行きを有効に使えます。

保存容器は中身が見えるモノを

横から見て中身がわかる透明または半透明の保存容器がベター。琺瑯《ホーロー》は容器にニオイが移らず、見た目もおしゃれですが、中身がわかるようにラベリングを。

朝食セットをつくる

ごはん用ののり、梅干し、鮭フレーク、納豆など、パン用のバター、ジャムなどをカゴにまとめておくと、いっぺんに取り出せて便利です。ヨーグルトもここに。

ごはんセット　パンセット

一番下の棚を空けておくと便利

残ったカレーやシチュー、お味噌汁を鍋ごと入れられるスペースをつくっておきます。保存容器に移す手間を省略できるだけではなく、すぐに温めて食べられます。

使いかけはまとめる

使いかけの野菜は、1つずつラップで包み、保存容器やカゴなどにまとめて、ここから先に使いきるようにします。

365日貯金のススメ

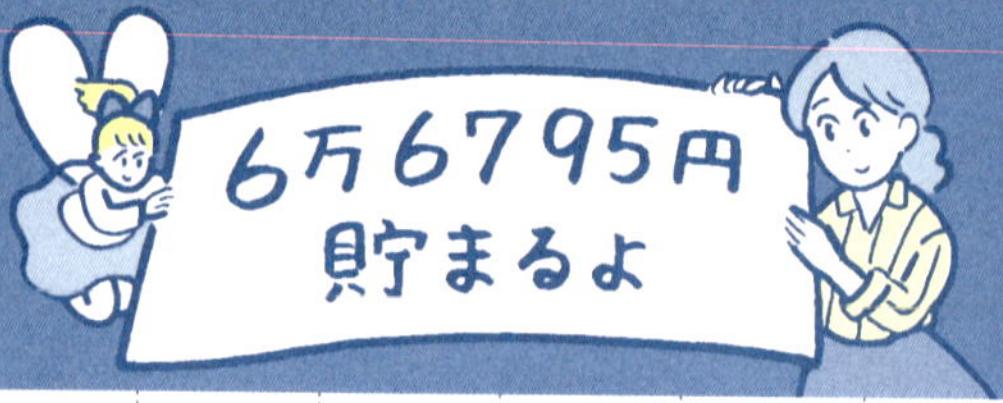

162	139	116	93	70	47	24	1
163	140	117	94	71	48	25	2
164	141	118	95	72	49	26	3
165	142	119	96	73	50	27	4
166	143	120	97	74	51	28	5
167	144	121	98	75	52	29	6
168	145	122	99	76	53	30	7
169	146	123	100	77	54	31	8
170	147	124	101	78	55	32	9
171	148	125	102	79	56	33	10
172	149	126	103	80	57	34	11
173	150	127	104	81	58	35	12
174	151	128	105	82	59	36	13
175	152	129	106	83	60	37	14
176	153	130	107	84	61	38	15
177	154	131	108	85	62	39	16
178	155	132	109	86	63	40	17
179	156	133	110	87	64	41	18
180	157	134	111	88	65	42	19
181	158	135	112	89	66	43	20
182	159	136	113	90	67	44	21
183	160	137	114	91	68	45	22
184	161	138	115	92	69	46	23

1日1回、「1」から「365」までの数字の中から1つ選んで、その数字の金額分のお金を貯金箱に入れます。たとえば、「15」を選んだら、「15円」を貯金箱へ。そして、シートの「15」のマスをマーカーなどで塗りつぶします。これを1年365日、繰り返すだけ。基本は毎日1マスずつですが、2日分くらいならまとめてもよしとしましょう。たとえば、100円貯金して、「42」と「58」の2マスを塗りつぶしてもOK。1日の貯金額は最高額でも365円。これを毎日続ければ、1年後にはなんと、6万6795円貯まります！

347	324	301	278	255	232	209	186
348	325	302	279	256	233	210	187
349	326	303	280	257	234	211	188
350	327	304	281	258	235	212	189
351	328	305	282	259	236	213	190
352	329	306	283	260	237	214	191
353	330	307	284	261	238	215	192
354	331	308	285	262	239	216	193
355	332	309	286	263	240	217	194
356	333	310	287	264	241	218	195
357	334	311	288	265	242	219	196
358	335	312	289	266	243	220	197
359	336	313	290	267	244	221	198
360	337	314	291	268	245	222	199
361	338	315	292	269	246	223	200
362	339	316	293	270	247	224	201
363	340	317	294	271	248	225	202
364	341	318	295	272	249	226	203
365	342	319	296	273	250	227	204
	343	320	297	274	251	228	205
	344	321	298	275	252	229	206
	345	322	299	276	253	230	207
	346	323	300	277	254	231	208

【食材の買い方の基本】

“おうちごはん”は貯まる生活の第一歩

いつも買う定番食材を決める

定番食材を決め、その日、安いモノや旬の食材を買うルールにすれば、買い物時間も短縮できます。使い慣れた食材なら使い回しがラクだから、ムダにすることもありません。買い物は、定番食材を“補充”するのが基本です。

メインおかず（肉・魚）

家でごはんを食べる回数分を買います。1パックを2回分に分けてもOK。魚は鮮度が落ちやすいので、翌日くらいまでに食べきれる量を

肉の加工食品

1回に買うのはどれか1つでOK

ハム、ベーコン、ウインナー

卵・乳製品・大豆食品

大豆食品は1～2種類で

卵、牛乳、ヨーグルト、豆腐、油揚げ、厚揚げ、納豆

キリ子さん、食事はいつもどうしてる？

外食したり、スーパーのお惣菜やコンビニのお弁当を買ったりしてるかな

手間をかけずにお金をかけているってことね。“外食エンゲル係数”の高さは、貯まらない度に比例するのよ。お金を貯めたいと思うなら、“おうちごはん派”に転向しないと

そんなこと言ったって、自炊の習慣がないから、なにをどうしていいのかわからないもの。たま～に気が向いて、食材を買ってつくっても、食べきれなくて、結局ムダになっちゃうことが多いんだモン

おうちごはんを成功させるには、まずは買い方の基本からね

＼知っておくと便利／

新鮮な食材の選び方

豚肉 色は淡いピンク色で、脂肪は白くて硬め。

牛肉 赤身は鮮やかな紅色。赤身と脂肪の境目がはっきりしている。

鶏肉 張りと弾力がある。皮の毛穴まわりが盛り上がっている。

魚（一尾） 目が澄んでいて、皮に光沢がある。

魚（切り身） 切り口が鮮やか。血合いが変色しているモノは×。

トマト お尻の先端からへたに向かって放射線上に白い筋がある。

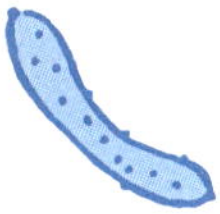

きゅうり 表面のイボがトゲ状になっている。

玉ねぎ 皮に光沢がある。根が出ていたり、首の部分が柔らかいモノは×。

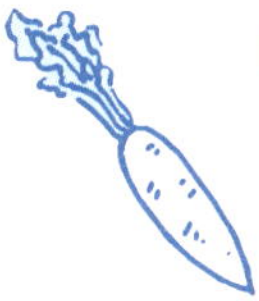

大根・にんじん 重さがある。ひげ根のあとのくぼみが目立つモノは×。

白菜・キャベツ 持ったときにずっしり重く、巻きがかたい。

乾物・パスタ

安い、日持ちするお助け食材

高野豆腐、切り干し大根、スパゲッティ、マカロニ

サラダになる野菜

生で食べるので、3〜4日で食べきれる量を

レタス、きゅうり、トマトなど

根菜・いも類

比較的、日持ちするので常備しておくと便利

じゃがいも、にんじん、玉ねぎなど

大きな野菜

買うのは、そのとき安いモノをどれか1つ。買わなくてもよし

キャベツ、大根など

その他の野菜

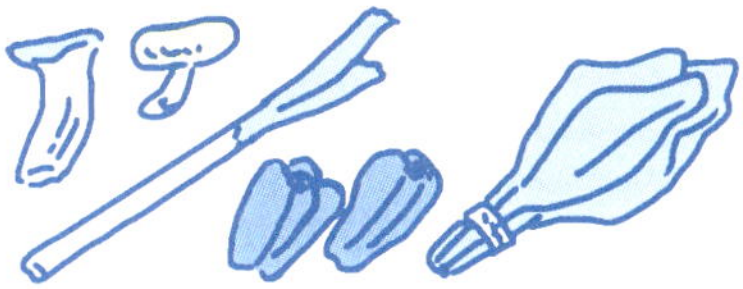

メイン食材と組み合わせられるモノがベター。たとえば豚薄切り肉×小松菜の炒め物、合いびき肉×ピーマンの肉詰め。お浸し、あえ物、煮物などでサブおかずになるモノも○

ピーマン、ほうれん草、小松菜、もやし、かぼちゃ、れんこん、グリーンアスパラガス、ねぎ、生姜、きのこ類

【献立の立て方の基本】

悩まない、マンネリ化しない、ラクできる献立づくり

献立の五箇条

一 〝ひとりごはん〟なら一汁一菜でよしとせよ

二 まずはメイン食材を決めるべし

三 調理法は5種類と心得よ

四 同じ食材でも味つけで変化を出すべし

五 組み合わせる野菜次第で変幻自在

メインおかずと汁物、またはメインとサブのおかず2品で十分。要は動物性タンパク質と野菜のビタミンが摂れればよしと気軽に考えます。

肉は豚、鶏、牛の3種類で、薄切り肉、ブロック肉、ひき肉など。魚は一尾丸ごとか切り身など。どれか1つあれば、メインおかずになります。

調理法は焼く、炒める、煮る、蒸す、揚げるの5種類。食材によって全部が適するというわけではありませんが、基本的にはこの5つの方法で調理します。

同じ食材でも、塩味、しょうゆ味、甘辛味、カレー味、ポン酢味、マヨネーズ×マスタード味など、味つけを変えれば、違う1品に変身します。

同じ豚肉の炒め物でも、玉ねぎ+ピーマンで生姜焼き風、もやし+ニラで中華風など、組み合わせる野菜を変えることでバリエが広がります。

五箇条をベースにした鶏肉使い回し術の例

調理法 / 味つけ

- 鶏肉
  - 焼く
    - 塩こしょう×レモン
    - しょうゆ×七味唐辛子

  - 炒める
    - めんつゆ
    - 甘辛だれ
    - バターしょうゆ

  - 煮る
    - クリームシチュー
    - トマト煮
    - 甘辛照り焼き煮
    - 筑前煮

  - 蒸す
    - ポン酢
    - 白だし
    - マヨネーズ×しょうゆ

＊スチームケース＋電子レンジなら簡単

  - 揚げる
    - 生姜じょうゆ
    - カレー
    - マヨネーズ×ケチャップ

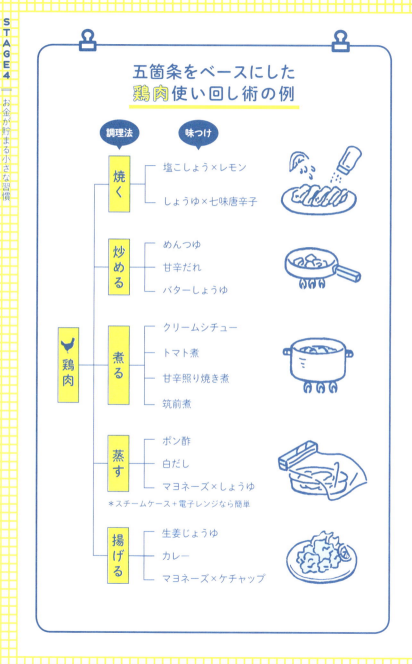

【このひと手間で長持ちさせる】

食材保存の基本

野菜

もやし

水を入れた保存容器に入れます。水の取り替えは2～3日に1回。

大根

葉の部分から水分が抜けるので、葉を切り落としてから、切り口をしっかりラップで包み、さらに新聞紙に包んで野菜室に。

レタス

芯の部分に濡らしたキッチンペーパーを当ててからラップをすると、多少は日持ちがよくなりますが、早めに食べきるのが基本。

きのこ類

しめじ、まいたけ、えのきは石づきを切り落としてほぐし、しいたけも石づきをカットして食べやすい大きさに切ります。水洗いはNG。まとめて保存袋に入れ、冷凍保存すれば「自家製冷凍きのこミックス」に。

じゃがいも・ごぼう

泥つきのまま新聞紙に包んで、常温で保存。

青じそ

濡らしたキッチンペーパーで包み、さらにラップで包んで野菜室へ。迷子にならないように野菜室の上段の仕切り棚に置くのが○。

肉

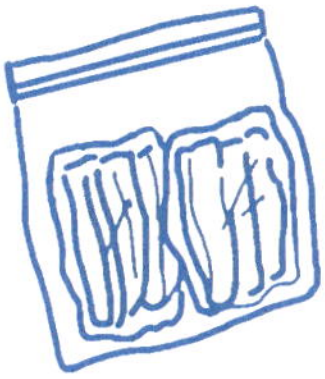

チルド室などで保存する

発泡トレイに入れたまま保存すると、冷えにくくなるのでトレイから出します。肉の表面についている水分（ドリップ）をキッチンペーパーで拭き取り、ラップに包んでから保存袋に。

冷凍する

3～4日のうちに食べきれないと思ったら、新鮮なうちに冷凍します。鮮度が落ちてから冷凍するのはNG。1回分ずつ小分けしてラップに包み、保存袋に入れて冷凍室へ。

下味をつける

下味をつけることで長持ちします。塩と酒だけなら、どんなメニューにも使い回しできて便利。味を濃くすると使い回しは制限されますが、保存期間が長くなります。

下味の順番　塩＋酒 ➡ 塩＋酒＋生姜 ➡ 塩＋酒＋しょうゆ ➡ 塩＋酒＋生姜＋しょうゆ

魚

チルド室などで保存する

肉と同じ手順で保存。ただし、一尾丸ごとはなるべくその日のうちに、切り身も2～3日で食べきります。

冷凍する

一尾丸ごとは冷凍にはあまり適しません。切り身も、できればチルド室保存で早めに食べきるように。

下味をつける

切り身はしょうゆ＋生姜や酒＋味噌につけると、そのまま焼いてすぐに食べられます。

【素材の持ち味を活かす】

料理上手になる
切り方の工夫

乱切り

1

へたの部分を切り落とし、端から回しながら切っていきます。

2

切り口の面積が広く味がしみ込みやすくなります。

適する野菜　なす、きゅうり、ごぼう、大根、にんじん、れんこん

白髪ねぎ

1

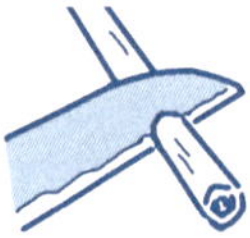

4～5cm長さに切ります。

2

縦に切り目を入れて中の芯を取り除きます。

3

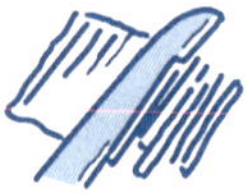

平らに重ね、端から千切りに。

4

5～6分、水に浸けて、水気をきってから使います。

いちょう切り

1

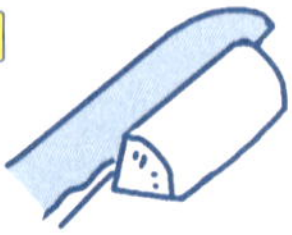

縦に4等分に切ります。

2

切り口を下にして一定の幅で切っていきます。

3

もう半分も同じようにして切ります。

適する野菜　大根、にんじん、かぶ

短冊切り

1

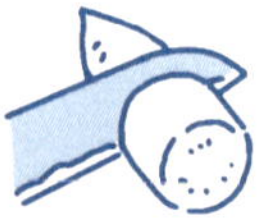

4～5cm長さに切ります。

2

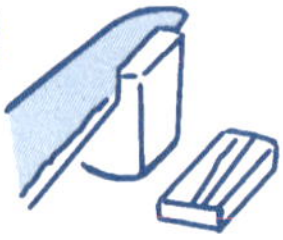

1cm幅の板状に切ります。

3

縦に1～2mm幅に短冊のようなかたちに切っていきます。

適する野菜　大根、にんじん

【レシピ本がスラスラ読める】

知っていると便利な調理用語

湯通し

沸騰したお湯に食材を入れ、表面だけ火を通して、すぐに取り出したり、食材に熱湯をかけること。「熱湯にさっとくぐらせる」も同じ意味。臭みやアクを取ったり、色を鮮やかにする効果があります。

アク抜き

食材を水や酢水にさらしたり、ひとつまみの塩を入れたお湯で茹でることで食材の苦みやえぐみを取り除くこと。たとえば、なすは塩水、ごぼうやれんこんは酢水に浸ける、大根は米のとぎ汁、ほうれん草は熱湯で茹でるなど。

ひたひたの水

食材を鍋に入れたとき、表面が水面から少し出るくらいの水加減のこと。

かぶるくらいの水

食材を鍋に入れたとき、水面からぎりぎり出ないくらいの水加減のこと。「ひたひたの水」よりも少し多め。

板ずり

きゅうりなどをまな板の上にのせ、塩をふってゴロゴロ転がします。色が鮮やかになる、塩のスクラブ効果で食材の表面に小さなキズがつき、調味料がしみ込みやすくなるなどの効果あり。

茹でこぼす

食材と水を一緒に火にかけ沸騰後、1〜2分したらザルなどに取って茹で汁を捨てること。茹でこぼすことで里芋はぬめり、肉は臭みやアク、ごぼうはアクが取れます。

ひと煮立ち

だし汁や煮汁を沸騰させ、30秒くらいおいて火を止めること。かつお節でだしをとるときや、かき卵汁、三つ葉など色が損なわれやすい食材に火を通すときの調理法です。

【ラク＆スピーディーでおうちごはんが楽しくなる】

時短調理テク

1 肉団子をいっぺんに10個つくる

卵のパックの片側に肉団子のタネを入れ、ふたをして輪ゴムでしっかりとめます。パックの両端を持って振ると、タネがパックの中で回って丸く成形できます。いっぺんに10個つくれるだけではなく、手も汚れません。このまま冷凍してもOK。

2 卵なしでフライ衣を作る

フライ衣は通常、小麦粉→卵液→パン粉の順につけますが、天ぷら粉には卵の成分が含まれているので卵液なしでOK。水で溶いた天ぷら粉を食材につけ、パン粉をまぶすだけ。

3 溶き卵はフォークで混ぜる

フォークの間に白身が通ることで、白身が切れて混ざりやすくなります。菜箸で混ぜるより時短に。

4 ほうれん草や小松菜の根の部分の泥落とし

1株を手で2つに裂き、根元の部分を水に浸けます。茎が水分を吸収して、根元の部分が広がり、水の中で振り洗いすると泥が落ちやすくなります。

5 キッチンばさみで切る

いんげん、万能ねぎ、しらたき、ワカメなどは包丁で切るより、キッチンばさみでカットした方が簡単。使用後、キッチンばさみは軽く水洗いしてよく拭きます。

野菜の皮むき

玉ねぎ

玉ねぎの皮をむくときは、半分に切って、切り口を水に浸けると、切り口から水分を吸収して茶色の薄皮がはがれやすくなります。水に浸けるのは1～2分でOK。

里芋

よく洗った里芋を半分に切り、レンジで中が柔らかくなるまで加熱。熱いうちに、キッチンペーパーなどを使ってむくと、皮がはがれるようにツルンとむけます。

生姜

皮と身の間に香りがあるので、皮をむかずに使ってOK。濡れぶきんやキッチンペーパーで皮の汚れた部分を拭いてから刻んだり、おろしたりします。

にんにく

にんにく1かけをまな板の上にのせ、包丁の側面でしっかり押さえ、体重をかけてつぶします。皮と芽がいっぺんに取れ、そのあとみじん切りにするのが簡単に。

【食べきりの工夫】

フードロスゼロ。最後の1切れまでおいしく食べきる

お金を出して買った食材を腐らせて捨てるのは、お金を捨てるのと同じことなのよ

お金を捨ててちゃ、貯まるわけないよね

1食分には足りない、中途半端に残った肉や魚介類を一掃

包んで焼けばなんでも餃子

使用する残り物の食材

豚肉、鶏肉、豚ひき肉、合いびき肉、鶏ひき肉、切り身魚、えび、いか、たこ、ちくわ、玉ねぎ、ねぎ、葉物野菜、きのこ類など。

POINT

食材はすべてみじん切りにします。野菜はみじん切りにしたあと、軽く塩をふってしんなりさせると包みやすくなります。フードプロセッサーを使えば時短に。

多めにつくれば、朝食にも最適

トマト缶と煮る

使用する残り物食材

鶏肉、白身魚の切り身、えび、ウインナー、ベーコン、玉ねぎ、にんじん、セロリ、なす、ピーマン、きのこ類。

POINT

材料はすべてひと口大に切ります。油をひいたフライパンで肉または魚介を炒めてから野菜を加え、少量の水を入れて蒸し焼きにします。材料に火が通ったらトマト缶を加えて、煮詰めます。

ベーコンなどだしの出る食材を加えるとおいしさUP♪

野菜はスープに

使用する残り物食材

白菜、キャベツ、レタス、大根、玉ねぎ、にんじん、じゃがいも、かぶ、トマトなど。

POINT

スープにすればキャベツの芯も、生で食べるには鮮度がイマイチのレタスやトマトなどもおいしく食べきれます。ウインナーやベーコンなどを加え、塩、こしょう、顆粒コンソメで調味すればOK。

余りがちな調味料の使いきりテク

焼き肉のタレ

→

❶ プラス酢で中華風ドレッシング

❷ 肉じゃがの味つけに

❸ 焼きそば・チャーハンの味つけに

ポン酢

→

❶ プラス水溶き片栗粉で酢豚の味つけに

❷ 餃子のタレ

❸ 冷やっこのタレ

豆板醤

→

❶ ペペロンチーノの唐辛子代わりに

❷ もやしのピリ辛ナムル

❸ 唐揚げの下味に

洗濯表示の見方

“おうちクリーニング”でクリーニング代を浮かす

“おうちごはん”の次は、“おうちクリーニング”よ

洗濯表示に従って洗えばいいのね

これまでの洗濯表示

2016年12月から洗濯表示が新しくなりました。旧来の表示がついている洋服はこの表を参考に。

40	洗濯液の温度は40℃を限度とし、洗濯機による洗濯ができる。
弱 30	洗濯液の温度は30℃を限度とし、洗濯機の弱水流または弱い手洗いがよい。
手洗イ 30	洗濯液の温度は30℃を限度とし、弱い手洗いがよい。洗濯機は使用できない。
	水洗いはできない。
エンソサラシ	塩素系漂白剤による漂白ができる。
エンソサラシ	塩素系漂白剤による漂白はできない。
高	アイロンは210℃を限度とし、高い温度（180～210℃）でかけるのがよい。
	アイロンがけはできない。
ドライ	ドライクリーニングができる。
ドライ	ドライクリーニングはできない。
ヨワク	手絞りの場合は弱く、洗濯機で脱水する場合は短時間にするのがよい。
	絞ってはいけない。
平	平干しがよい。
平	日陰の平干しがよい。

新しい洗濯表示

これまでの洗濯表示は22種類でしたが、新表示は41種類に増えました。
その一部を紹介します。

家庭での洗い方	
	洗濯液の温度は40℃を限度とし、洗濯機で洗濯ができる。
	洗濯液の温度は40℃を限度とし、洗濯機で弱い洗濯ができる。
	洗濯液の温度は40℃を限度とし、洗濯機で非常に弱い洗濯ができる。
	洗濯液の温度は40℃を限度とし、手洗いができる。
	家庭での洗濯はできない。

クリーニング店での洗い方	
	パークロロエチレンおよび石油系溶剤によるドライクリーニングができる。
	石油系溶剤による弱いドライクリーニングができる。
	ドライクリーニングはできない。
	ウエットクリーニングができる。
	非常に弱い操作によるウエットクリーニングができる。

漂白	
	塩素系および酸素系の漂白剤を使用して漂白ができる。
	酸素系漂白剤の使用はできるが、塩素系漂白剤の使用はできない。
	塩素系および酸素系漂白剤の使用はできない。

タンブル乾燥	
	タンブル乾燥ができる。排気温度の上限は80℃。
	低い温度でのタンブル乾燥ができる。排気温度の上限は60℃。
	タンブル乾燥はできない。

自然乾燥	
	つり干しがよい。
	日陰のつり干しがよい。
	ぬれつり干しがよい。
	平干しがよい。

アイロン仕上げ	
	底面温度200℃を限度としてアイロン仕上げができる。
	底面温度150℃を限度としてアイロン仕上げができる。
	底面温度110℃を限度としてスチームなしでアイロン仕上げができる。
	アイロン仕上げはできない。

風水で金運アップ！

運気を上げて、ちゃっかり貯める

金運を上げるラッキー風水

お財布の中にラベンダー色と黄色の紙を

ラベンダー色は厄落としカラー、黄色は金運アップカラー。この2色の紙を、お札を入れる仕切りの中に入れておきます。お金はいろいろな人が触っているので、まずはお金についた厄を落としてから、金運をつけるようにします。

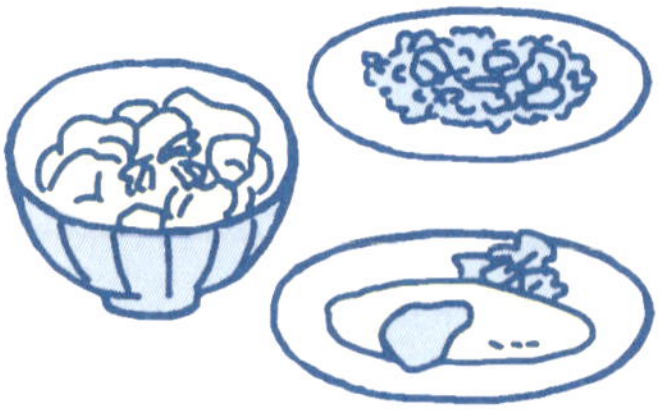

鶏肉と卵を食べる

金運を左右する方位の「西」は干支であらわすと「酉」。それにちなんで鶏肉や卵を食べることで、体内の細胞が刺激されて金運体質に。鶏の唐揚げはもちろん、鶏肉×卵料理の親子丼、チキンライス、オムレツなどがラッキーフードです。

“西に黄色”は鉄板風水

「西」は金運と深〜い関係のある方位。ここに金運カラーの黄色のモノを置くと、金運が上がります。インテリア小物や雑貨、紙や布、観葉植物を置いて黄色のリボンを結ぶのもOK。西側の部屋のカーテンを黄色系にするのもオススメです。

通帳は北側の部屋で保管

「北」には“蓄える”パワーがあります。預金通帳、お財布、家計簿などお金に関するモノは、北側の部屋にしまっておくと、ジワジワと金運が上がっていきます。ちなみに、北と相性のいいピンク色のモノを置くと恋愛運が上がる効果も。

キッチンに盛り塩

火と水を使うキッチンは、金運を乱しがち。盛り塩をして金運を安定させます。小皿に粗塩約10gを盛り、コンロ、シンク、電子レンジなど、どこか1カ所でもいいので置きます。週1回交換して、使用後は排水口に流し、塩分で排水管が傷まないよう、よく流して。

満月にお財布をかざす

満月の夜にお財布を月にかざして、振ります。レシート、クレジットカード、キャッシュカードなどお金が出ていくことに関係するモノは取り出してからかざすのがコツ。ムーンパワーをお財布に宿して、お金を引きつける力をアップ。

懸賞でお得をゲット!

当たる喜び、当てる楽しさが体験できる

当たりやすい懸賞の見極め方

肝は応募者=ライバルが少なくて、
当選確率が上がるものです。

オープン懸賞よりクローズド懸賞

オープン懸賞とは、たとえば「クイズの正解者の中から抽選で当たる」など誰でも応募できる懸賞のこと。FacebookやTwitterなどで応募するSNS懸賞も、基本的にはオープン懸賞。クローズド懸賞とは、対象商品の購入が条件になっている懸賞のことです。

メーカー×スーパータイアップ懸賞

クローズド懸賞の中でも、対象商品を購入したレシートをハガキに貼って応募する懸賞の方が手間がかかる分、応募者が少なめ。「対象商品を含む〇〇円以上のレシート」など購入金額の指定があると、さらにライバル減少。

応募期間が短い懸賞

コンビニなどで実施している応募期間が短い懸賞は、「応募するつもりだったのに、もう終わっていた」と応募のチャンスを逃してしまう人が多いので、ライバルが少なめ。

地域限定の懸賞

地域限定で配布しているフリーペーパー掲載の懸賞や、ローカルスーパーの懸賞は狙い目です。

告知が地味な懸賞

テレビCMや雑誌などで大々的に告知している懸賞は、当然、応募者が多くなります。商品パッケージの裏やスーパーのチラシの隅っこなどでひっそりと告知しているものを狙って。

当たる応募ハガキの書き方の基本

クイズの答えは目立つように書く

「金」が答えなら、「金」だけでも正解ですが、〇で囲むとていねいな印象に。

バランスのいい文字の大きさで読みやすく

クイズの答えは「大」、住所・氏名などの必要事項は「中」、コメントは「小」くらいが読みやすいバランスです。

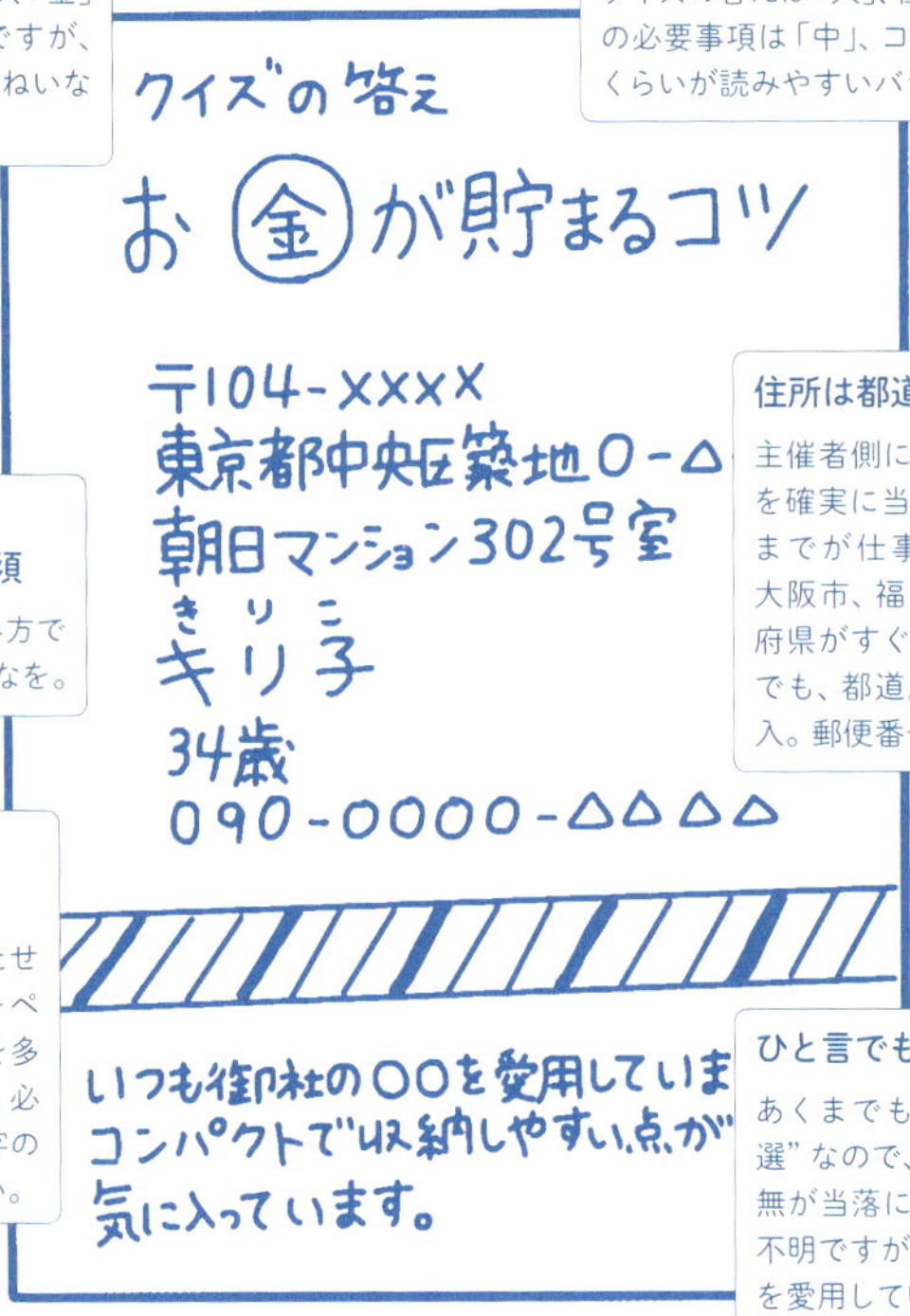

クイズの答え
お㊎が貯まるコツ
〒104-XXXX
東京都中央区築地0-△
朝日マンション302号室
キリ子《きりこ》
34歳
090-0000-△△△△
いつも御社の〇〇を愛用していま
コンパクトで収納しやすい点が
気に入っています。

住所は都道府県名から

主催者側にとっては賞品を確実に当選者に届けるまでが仕事。名古屋市、大阪市、福岡市など都道府県がすぐにわかる場合でも、都道府県名から記入。郵便番号もマスト。

氏名にふりがなは必須

特に難しい読み方でなくてもふりがなを。

色文字を多用しない

ハガキを目立たせようと、カラーペンやマーカーを多用するのはNG。必要事項は黒文字の方が読みやすい。

ひと言でもコメントを

あくまでも“厳正なる抽選”なので、コメントの有無が当落に影響するかは不明ですが、「いつも〇〇を愛用しています」などひと言あると好印象。

ネット懸賞も人気

パソコンやスマホから応募できるネット懸賞はハガキ代がかからず、手軽に応募できるので人気です。最近ではFacebookやTwitterなどSNSを利用した懸賞もふえています。電車で移動中や待ち時間に応募してみるのもいいかも。

お金も大事だけど……

一生、お金に困らないための心構え

1 満足度の高いお金の使い方をすること

貯めたお金は使ってこそ、価値を発揮します。お金は人生を豊かにするための〝道具〟。どのようなときに、なににお金をかけると、自分が幸せな気持ちになれるか確認してみましょう。満足度の高いお金の使い方が、お金＝道具を使いこなすカギです。

2 普段の暮らしをコンパクトにする

おうちごはん、おうちクリーニング、水道光熱費のムダカット……など日常生活にかかるお金を小さくします。コンパクトな暮らしを習慣づけておくと、転職などで収入が減ったり、年金で生活するようになっても、自分らしい暮らしをキープできます。

3 ひとり時間を楽しめること

気のおけない友人をもつことは大切ですし、楽しい交友関係は人生を豊かにしてくれるものです。でも、なんでも〝友達と一緒〟ではなく、ひとり時間を楽しめるようになることも大事です。今のうちから、ひとり時間の楽しみ方を見つけておきましょう。

4 健康であること

心身ともに健康であることが、「一生、お金に困らない」ための基盤。健康を損ねると、仕事を続けることが難しくなることもあります。医療費もかかり、家計の負担に。また健康に不安があると、生命保険や医療保険を過度に頼りがちになり保険料もかさみます。

5 できるだけ長く働くこと

年金の受給開始時期は、この先どんどん先延ばしになる可能性大。無収入期間をつくらないためには、長く働くことです。長く働き続けるほど厚生年金の額もふえます。仕事のスキルを上げて、会社に必要とされる人材になることが大事。また仮に、今の会社を退職することになっても、次の新しい仕事を見つけて、働き続ける気合いと行動力をもちましょう。

6 お金を貯めること

貯金があることのメリットは、現実的にお金に困らないことだけではありません。「なにかあっても貯金がある」と思うことで、精神的な安定を得られます。また「買おうと思えば、高い買い物もできるけど安い方を選択する」のと、「お金がなくて安いモノしか買えない」のとでは、同じモノを買っても満足度が違います。

夢ノートをつくる

夢や目標をビジュアル化して貯めるモチベーションをキープ

買いたいモノ、行きたい場所、なりたい自分のイメージ、あこがれのインテリア……などの写真を雑誌などから切り抜いてノートに貼ります。写真だけではなく、お金を貯めるために、今すべきこと、将来の目標や夢なども書き出します。視覚化すると、貯めるモチベーションが上がるだけではなく、文章を書くことで貯める目的がより明確に。

キリ子さんは、
どんな写真を貼るの？

『ティファニーで朝食を』のヘップバーンの写真かな

目標を達成して、
夢をかなえるために!
来年の夏休みには
パリに行く!
昇進するために
資格をとる!
毎月3万円ずつ
貯金する!

貯まる生活の始め方④

キリ子、貯まる生活を始める

モノを捨てました
財布の中身を整理しました
お弁当をつくりました
初めて給料日前に5000円残りました
給料日前に残高があるなんて！私って、やればできる子なのね〜

STAGE 5

知っていると貯まるお金のあれこれ

お金について勉強すると貯まるスピードが加速して、
楽しく貯められます。

〝貯金〟から〝投資〟にステップアップ

お金でお金を稼ぐ、お金の殖やし方

キリ子さんも、ここまでくれば
貯まる習慣が身についてきたわよね。

お金を貯める基本は、毎月、先取りで貯金すること。
そして、「100万円貯蓄は1日に成らず」でしょ？

その通り！
毎月、コツコツ貯金していたら、いつか必ず100万円貯まります。
でもね、貯まるスピードをちょっと速くしたいと思わない？

思うに決まっているじゃない！

今のような低金利時代だと、銀行にお金を預けているだけじゃ、貯まるスピードは速くならないのよね。たとえば、今、メガバンクの1年ものの定期預金金利が0.01％*だから、100万円を1年間預けたとしても、税引き後の利息はたったの約80円。

そもそも100万円持ってないから、10万円だったら8円ってこと？

お金自身が働いて、もっと稼いでくれたらいいな～と思わない？

お金に稼いでもらうって？　どうやって？

それが「投資」なのよ。

投資って、なんだか怖～い。大損したりするんじゃないの？

だから、今から投資の基本を勉強しましょうね。

＊2017年7月現在の金利。

“貯金”と“投資”の違い

投資は貯まるスピードが加速することもあるが、損をすることも

確実に貯めるなら貯金、“殖やす”ことを目指すなら投資

貯金すると……

銀行や郵便局（ゆうちょ銀行）に預けたお金が、いつ解約しても、預けた金額分が戻り（＝元本保証）、あらかじめ約束した利息もつきます。

投資すると……

証券会社などを通して金融商品を買うと、元本割れすることもありますが、銀行に同じ期間、預けるよりも殖えることもあります。

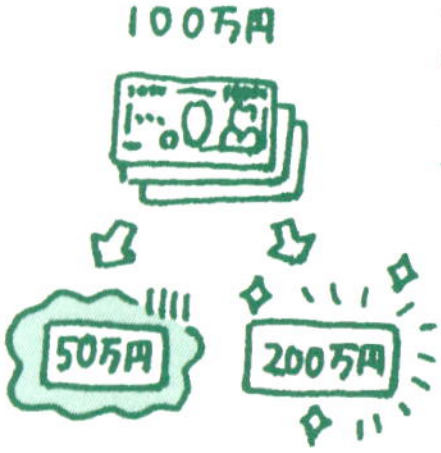

投資のメリット

- 貯まるスピードが加速するチャンスがある。
- 投資を始めると自然に経済に関心をもつようになる。
- 自分が投資したお金が企業や社会の発展に役立つ。
- 株式に投資した場合は、配当金のほかに「株主優待」*があることも。

*株を保有する会社の商品、割引券、食事券、商品券、図書カードなどを、持ち株数に応じて受け取れること。

投資のデメリット

- 元本割れするリスクがある。

代表的な金融商品のリスクとリターンの関係

〝リスク〟と聞くと、〝危険なもの〟とイメージしがちですが、投資でいうリスクとは、リターン（収益）の「振れ幅」のこと。振れ幅が大きい＝ハイリスクなものほど、大きく儲かることもあるけど、大損することもあるということ。〝ハイリスク・ハイリターン〟というわけです。反対に、ローリスクの金融商品は殖え方も小さいですが、損する可能性も小さく、預貯金がその典型です。

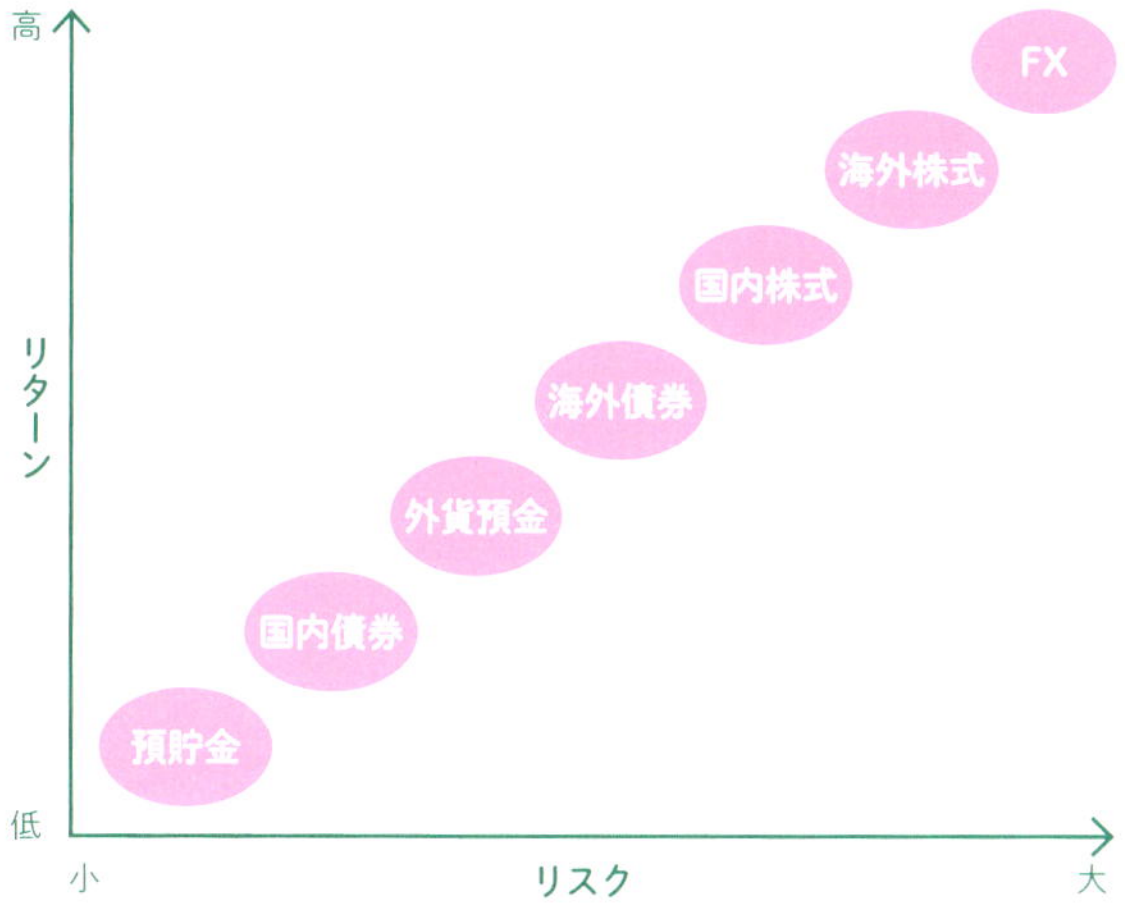

【投資における４つのリスク】

1 流動性リスク

株式や債券などを換金しようと思ったときに、すぐに売れなかったり、希望した価格で売れないこともあります。

2 信用リスク

株や債券を発行する会社や国、自治体が財政難や経営不振に陥ると、株や債券の価値が下がることも。

3 為替変動リスク

外貨で運用する商品は為替相場の動きの影響を受けます。たとえば、円高のときに買って、円安のときに円に換金すると得しますが、その逆の場合は損に。

4 価格変動リスク

購入した金融商品の値段が変動する可能性のこと。買ったときよりも値上がりすれば利益を得られますが、値下がりすると損をします。

投資を始める前に……

儲けを焦らない。失敗しないための心の準備

投資を始める前の6つの心得

♡心得その1

毎月、決まった額を貯金することが先決

「貯まる生活」の第一歩は先取り貯金にあります。いきなり投資に手を出すのではなく、毎月の先取り貯金が定着してから、次のステップとして投資に踏み出すのが順序です。

♡心得その2

投資は余裕資金ですること

投資は貯金と違って元本保証がありません。絶対に減っては困るお金や、数年以内に使う予定のあるお金を投資に回すのはNG。たとえ減っても、生活に影響のない余裕資金で始めましょう。

♡心得その3

まとまったお金を一度につぎ込まない

一度に大金をひとつの金融商品につぎ込むと、値下がりしたときに大損する危険性があります。投資するタイミングと金融商品を分散することは、リスクを抑える基本です。

♡心得その4

〝一攫千金〟はないと肝に銘じる

特に、短期間に大儲けを狙うのは、投資ではなく〝投機〟で、ほとんどギャンブルです。投資にリスクはつきものですが、大きな利益を狙わず、時間をかけて地に足のついた投資が大事。

♡心得その5

値動きに一喜一憂しない

たとえば、株を買うと値動きが気になるものですが、株価は変動するものと心得て、日々の値動きに一喜一憂しないこと。すぐに利益を出そうと焦って、短期間で売買するのは考えものです。

♡心得その6

自分が買う金融商品のリスクを理解する

証券会社の営業マンに勧められるままに買ったりしないこと。金融商品の仕組みはわかりにくいですが、最低限、どんなリスクがあるのか、どういう場合に損をするのかを理解してから買うように。

株とは？

投資先の
代表的なものを
紹介するわね

株価の値上がり値下がりで損得が決まる

会社が新しい事業を始めたり、設備投資をするためには資金が必要です。そこで、資金を集める目的で、自社の株を一般の人が、市場で買えるようにすることが、株式の〝公開〟とか〝上場〟と呼ばれるものです。株価が変動する原因はいろいろありますが、基本的には、会社が資金をうまく活用して業績が伸びれば株価は上がり、その反対の場合は株価は下がることに。

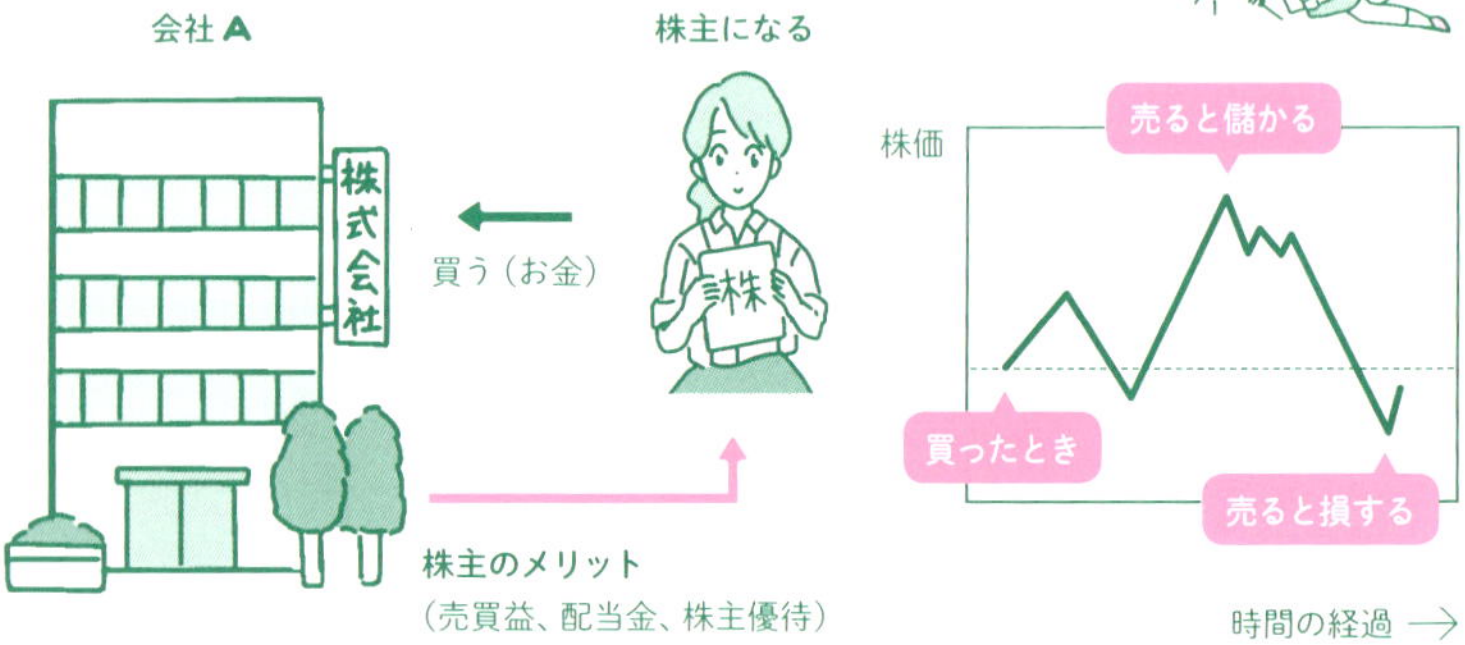

会社A
株式会社
株主になる
株
買う（お金）
株主のメリット
（売買益、配当金、株主優待）
株価
売ると儲かる
買ったとき
売ると損する
時間の経過 →

メリット

- 買ったときよりも値上がりしたときに売ると利益が得られます。株は「価格変動リスク」が大きいので、大きく儲けられるチャンスもあり。
- 持ち株数に応じて、「配当金」を受け取ることができます。
- 持ち株数に応じて、自社製品やクーポン券などの「株主優待」を行なっている会社もあります。

デメリット

- 会社の業績がふるわず、株価が買ったときよりも下がると損をすることも。
- 最悪の場合、会社が倒産すると出資した全額がなくなることも。
- 100株単位など売買できる株数が決まっているので、最初にある程度まとまったお金が必要。

その他の情報

まとまったお金がない場合には、「ミニ株」と「るいとう」があります。ミニ株とは、単元株（株式取引が可能となる最低必要株数のこと）の10分の1から取引が可能な商品。るいとうとは、株の積立預金のようなもので、毎月、一定の金額で特定の株を買って積み立てる方法。どちらも普通の株式投資と違って、取扱い証券会社が決まっています。

債券とは？

国や自治体、会社が発行する「借用証書」のようなもの

債券を発行する目的が、資金を集めることにあるのは株と同じです。また株と同様に価格の変動次第で儲かったり損したりしますが、大きく違う点は、債券は償還日と呼ばれる満期日がきたら全額戻ることにあります。さらに、決まった利息を定期的に受け取ることができます。つまり、債券は「借用証書」のようなもの。債券購入者は会社にお金を貸すというわけです。

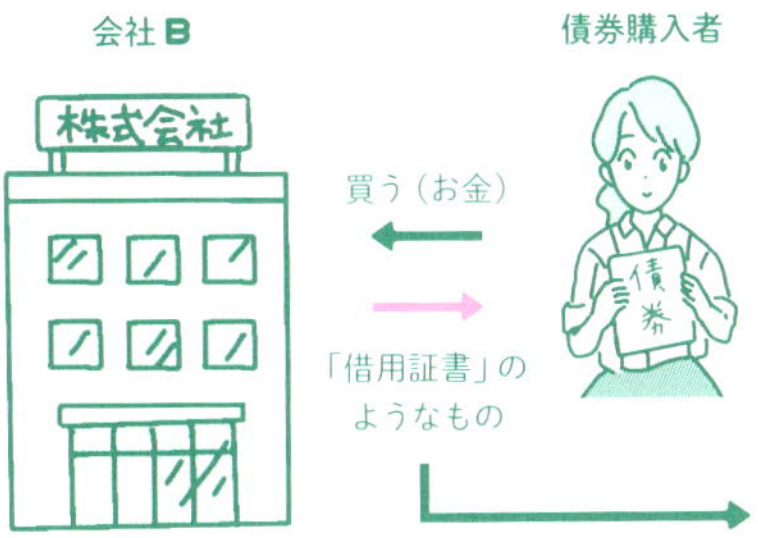

会社B
株式会社
買う（お金）
「借用証書」のようなもの
債券購入者
債券

債券の条件は発行時に設定

たとえば…
償還期限：5年
利率：年利率3%
償還金額（額面金額）：100万円

この債券を発行時に購入して、5年後の償還日まで持っていれば、100万円×3%×5年＝15万円の利息と元金を合わせて、115万円を受け取ることができます。

その他の情報

債券は途中での購入や売却も可能で、そのときによって債券の価格が異なります。安いときに買って、高いときに売れば、売却益は得られますが、その逆だと元本割れすることも。

10万
20万
5万

メリット

- 償還日まで持っていれば額面金額が戻ってきます。
- 決まった時期に、決まった利息が受け取れます。
- 一般に、株よりリスクが低く、預貯金よりもリスクは高いですが、金利は預貯金より高くなっています。

デメリット

- 「信用リスク」があります。債券発行元の国や地方自治体、会社が破たんしたり、倒産した場合には、お金が戻らない可能性があります。
- 償還日まで待たずに売却すると、買った金額よりも下がるリスクも。

投資にはリスクがつきものなのね

投資信託とは？

いろいろな金融商品の詰め合わせセットのようなもの

「投資信託」とは、たくさんの人から集めたお金をひとつにまとめて、運用のプロである運用会社が、国内外の複数の株や債券などに投資するもの。どの商品を、どのような比率で組み合わせるかによって、さまざまな「投資信託」があります。投資した結果、得られた利益が分配金として出資者に支払われるほか、投資信託の値段（＝基準価格）が買ったときよりも上がれば、売却益が得られます。

たくさんの人からお金を集める

投資信託を買う
（お金）

利益
（分配金・償還金・売却代金）

販売会社 （証券会社・銀行・郵便局など）	運用会社 （運用のプロ集団）	信託銀行 （投資信託の金庫番）
販売会社は、投資信託の販売や換金、分配金・償還金の支払いなどを行ないます。投資信託を買おうと思ったら、まずはどこの販売会社から買うかを決めます。	運用会社とは、運用のプロがさまざまな経済・金融情勢を分析して、資金を運用するところ。「投資信託」という金融商品の中心的な役割を担っています。	信託銀行は、投資家から集めた資金を預り、運用会社からの指示に従って株式や債券などの売買や管理を行います。

投資
利益
国内株
海外株
不動産
国内債券
海外債券
など

メリット

- 資金が少ないと複数の株や債券を買うことは難しいですが、投資信託は国内外の株や債券の詰め合わせなのでそれが可能です。
- 複数の金融商品に分散投資することで、リスクが分散できます。たとえば、株の場合は自分が買った株が値下がりすれば損失に直結しますが、投資信託は複数の金融商品に投資しているので、そのうちのひとつが値下がりしても、ほかの商品がカバーしてくれる可能性があります。
- 株や債券よりも少額で始めることができます。
- 運用はプロが行なうので、投資についての専門的知識がなくても、比較的気軽に始められます。

デメリット

- 投資信託は値動きのある株式や債券などに投資するので、基準価額が変動します。つまり元本保証はありません。
- 短期間ではなかなか利益を得にくいものが多くなっています。
- 株に投資するよりも、コストが高めです。

【投資信託における3つのコスト】

1 買うとき

販売会社に「販売手数料」を払います。どの投資信託を買うか、どの販売会社から買うかによって異なります。「ノーロード」と呼ばれる手数料ゼロの投資信託もあります。

2 運用中

運用や管理をしてもらうことに対して「信託報酬」を払います。投資信託を保有している間中、払うことになるので、信託報酬が高いとせっかくの利益が目減りすることになります。

3 売るとき

「信託財産留保金」という解約手数料がかかります。不要な投資信託もあります。

投信積立とは？

投資信託の積立預金のようなもの

投資信託を毎月、決まった金額分買っていくもの。どの投資信託にするかを決めて、毎月、決まった日に自動引き落としで、決まった金額分を買います。あとは積立預金感覚で定期的＆自動的に投資信託を購入していきます。

投資初心者さんが少額から始めるには、手ごろな金融商品よ

たとえば、毎月1万円ずつ5回に分けて買った場合と、5万円で1度に買った場合の比較

	1カ月目	2カ月目	3カ月目	4カ月目	5カ月目	5カ月後
基準価格	1万円	1万2000円	1万円	6000円	1万円	
買える口数 毎月1万円ずつ購入	10000口	8333口	10000口	16667口	10000口	合計55000口
1度に5万円購入	50000口 →					合計50000口

この時点での評価額5万5000円（毎月1万円ずつ購入）

この時点での評価額5万円（1度に5万円購入）

メリット

- 投資信託は国内外の複数の株や債券などに投資するので、投資先を分散しているのに加えて、投信積立なら、毎月少額ずつ買うことで、買うタイミングのリスクも分散できます。
- 投資信託をまとめて買うよりも、少額から始められます。

毎月、決まった金額分ずつ買うことのメリット

投資信託は基準価格が値動きするので、買ったときがピークで、その後、値下がりする可能性があります。投信積立で、毎月、決まった金額分ずつ買えば、基準価格が高いときは、購入できる口数が少なく、基準価格が下がったときは、購入できる口数が多くなります。結果的に、1口あたりの購入コストを安く抑えられる効果も。

＊投資信託は「口数」という単位で数えます。投資信託の基準価格は日々変動しますが、同じ金額分ずつ定期的に購入することで、1度にまとめて買うよりも、結果的に口数を多く買える場合があります。

＊ただし、右肩上がりで値上がりし続ける場合などは、最初にまとめて買った方が利益が大きくなります。

投信積立デビューまでのプロセス

STEP1

口座を開く

証券会社や銀行などで購入できますが、ネット証券なら手数料が安い商品が豊富。月々100～500円の少額で積み立てられるものもあります。

たとえばこんなネット証券

商品の種類が豊富で、販売手数料無料の投資信託が充実しています。銀行口座などから自動引き落としで、投信積立が購入できて、引き落とし手数料は無料。

楽天証券

月100円から始められる投信積立も。楽天ポイントがたまります。

SBI証券

月100円ずつ買える投信積立もあり。SBIポイントがたまり、現金、Suicaポイント、Tポイント、nanacoポイントなどや商品と交換できます。

STEP2

購入する投資信託を決める

国内外の株や債券に分散投資できる「バランス型」なら手間いらずです。

たとえばこんな商品

世界経済インデックスファンド

（三井住友トラスト・アセットマネジメント）

日本、先進国、新興国の株と債券に分散投資し、株と債券の比率は半分ずつ。主なネット証券では購入時にかかる手数料が無料。

e-MAXISバランス（8資産均等型）

（三菱UFJ国際投信）

日本、先進国、新興国の株と債券に加え、日本と先進国のリート（不動産投資信託）の計8資産に均等に分散投資。購入時にかかる手数料が無料。

STEP3

予算を決める

毎月、購入する金額を決めます。途中で積立金額を変更することもできるので、最初は少なめの金額でスタート。投資信託は元本保証ではないので、手堅く貯める分は預貯金で確保し、余裕のお金を投信積立に回すように。

＼まずはここを押さえよう／

投資用語のあれこれ

キャピタルゲイン

買値よりも売値の方が高い場合に、得られる利益のこと。反対に、買値が売値を下回った場合はキャピタルロスといいます。

基準価格

投資信託の時価のこと。相場の変動に応じて、基準価格も毎日、変動します。運用がうまくいけば上がり、その反対だと下がります。

指数

市場全体の動きの目安となる数字で「インデックス」ともいいます。日本株の指数は日経平均株価、TOPIXなど、外国株の指数はニューヨークダウ平均、S&P500、ナスダックなど。国内外の債券の指数もあります。

インカムゲイン

金融商品を保有していることで得られる利子や配当金などのこと。預貯金の利子がその一例。

外貨建て・円建て

外貨建てとは、金融商品の売買や利息の支払いなどが外国通貨で行われること。そのときの為替レートによって為替差益や為替差損が発生します。日本円で行う場合は、円建て。

格付け

債券の信用度を示すランク付け。格付けが低くなるほど債務不履行に陥る可能性が高くなります。

為替差益・為替差損

為替差益とは、為替レートの変動で得た利益のことで、為替差損とは、逆に為替レートの変動による損失のこと。たとえば、米ドルを1ドル＝100円で買ったあと、為替レートが1ドル＝120円となった場合、ドルを円に交換すれば1ドルにつき20円儲かることになります。その反対に1ドル＝80円になれば、1ドルにつき20円の損に。

金がゼロになることも。

分配金

投資信託を運用して得られた利益を投資家に還元するもの。分配金を支払うと、その投資信託の資産は減るので基準価額が下がることに。分配金がたくさん出る投資信託が、必ずしもいい投資信託とは限りません。

目論見書《もくろみしょ》

債券や投資信託の仕組みや特徴などについて詳細に書かれた説明書のことで、販売会社から送られてきます。内容を理解するのは投資ビギナーには難しいですが、投資信託の目論見書には、運用実績や手数料など重要なことが書いてあります。投資や投資信託について勉強するテキストと考えて、目を通しておきたいところです。

リート

REIT（不動産投資信託）とは、投資家から集めた資金をオフィスビルなどの不動産に投資して、賃貸収入などで得た利益を投資家に分配する仕組みの投資信託です。

塩漬け・損切り

塩漬けとは、値下がりした株を売らずに、ずっと持ち続けること。またこの先持ち続けても、値上がりしそうもない株を損を承知で売ることを、損切りといいます。

日経平均株価

日本経済新聞社が選んだ日本の代表的な東証一部上場企業225社の株価の動きを示す指数。日本の株式市場を代表する指数で、刻一刻と変化します。一般に、日経平均株価が値上がりするということは、大手企業の株が買われているということで、景気上昇の期待があることを示します。

TOPIX

日経平均株価は225社だけを対象としていますが、TOPIXは東証一部に上場している全社の株を対象とした指数。日経平均株価より市場の実態に近いといわれます。

配当金

企業が利益の一部を株主に還元するお金。株主が保有する株数によって分配されます。業績が悪いと、分配

今さら聞けない……　ちょっとだけ

経済のことをお勉強

金融緩和政策

世の中に出回るお金の量を増やして景気をよくすること。そのひとつが、日銀による金利の引き下げ。金利が下がれば、会社は銀行からお金を借りやすくなり、お金が世の中に出回ります。そのお金で設備投資して利益をふやし、社員の給料を上げたり、新しく人を雇うことができます。給料が上がれば、物を買う人がふえて、さらに会社が儲かって景気がよくなるというわけです。

景気と物価と金利の関係

景気がよくなるとモノが売れるので、多くの企業が設備投資をふやすためにお金を借りるようになって、金利が上昇。また、モノを買う人がふえれば物価も上昇します（インフレ）。インフレが加熱してくると、日銀はお金が借りにくくなるよう金利の引き上げを行ないます（金融引き締め政策）。このように、景気と物価と金利は相互に関係し合っているのです。

円安・円高

たとえば、1ドル＝100円が、1ドル＝110円になると「円安」。つまり、1ドルを100円と交換していたのが、110円ないと交換できなくなったということで、ドルの価値が上がり、円の価値が下がった＝「円安」ということです。その反対に、1ドル＝100円が、1ドル＝90円になるのが「円高」。このように外国通貨と円の交換比率を示すのが「為替レート」で、日々刻々と変化しています。TVニュースの最後などに、対ドルと対ユーロの為替レートが表示されるので要チェック。

ちなみに、外貨預金、外国債券、外貨建てMMFなど外国通貨で買う金融商品は、円高のときに買って円安になってから売ると、為替差益が得られます。反対に、円高になると為替差損が生じることに。

消費者物価指数（CPI）

消費者物価指数とは、消費者が購入するモノやサービスなどの物価の変動をあらわす統計指標で、総務省統計局が毎月発表しています。消費者物価指数は、ある時点*の数値を100として、その時点と比較した数値であらわします。比較することで、同じ生活水準を維持するためにかかる費用の増減がわかります。たとえば2015年の数値を100とした場合、2017年の数値が105なら、＋5なので物価が上がったことになり、同じレベルの生活をするのに必要なお金がふえていることになります。

＊西暦年の末尾が0と5の年を基準年として5年ごとに改定。

GDP（国内総生産）

GDPとは、国内において一定期間（通常1年間）に生産されたモノやサービスの付加価値の総額。超ザックリいうなら、国内で人が稼いで儲けたトータルの金額のこと。日本企業が海外で生産したモノやサービスは含まれません。GDPがふえたということは、国内で働いて稼いだお金がふえたということで、一般的にはお金が回って景気がよくなることを示します。

GDPが前年や前四半期に比べてどのくらい増減したかをパーセントで示したのが経済成長率で、景気がよくなっているのか、悪くなっているのかを知る手がかりになります。

お得な制度のこともちょっとだけお勉強

NISA《ニーサ》とは

証券会社や銀行でNISA口座を開設して、その口座で買った株や投資信託（年120万円まで）で得た利益が5年間、非課税になる制度。普通の口座だと利益に対して約20%課税されます。＊年40万円までの投資で得た利益が20年間、非課税になる積立NISAが2018年から始まる予定。

iDeCo《イデコ》とは

老後資金をつくるのに見逃せない制度です。自分の決めた金融商品で月々お金を積み立て、60歳以降に年金として受け取ることができます。金融商品は預金、投資信託、保険などから選べます。メリットは①積立金の全額が所得控除され所得税と住民税の負担が軽くなる、②運用益が非課税、③受け取るときも税制優遇があるなど。デメリットは①積み立てたお金は60歳まで引き出せない、②手数料がかかるなど。積み立てられるお金の上限は人によって異なり、企業年金がない会社で正社員の場合は月2万3000円まで。

「もしも」に備える保険のこと

保険に入っている人も、入っていない人も、まずは保険の基本から

キリ子さんは保険に入っているの？

入っているはず。

「はず」って、なによ。自分のことでしょ。

だって、新入社員時代に保険のおばさんから勧められた保険に入ったけど、それがどんな保険かよくわからないんだもん。

保険は人に対してかける「生命保険(死亡保険・医療保険)」と、モノに対してかける「損害保険」に大別できます

病気やケガ、事故に遭ったとき、あるいは万が一のとき、公的な保障だけではお金が足りないかもしれない……そんな事態に備えるのが「保険」の役割です。

生命保険

人に対してかける「生命保険」は、「死亡保険」と「医療保険」の2つに大別できます。被保険者が死亡した場合に保険金が支払われるものが「死亡保険」です。自分が死んでしまったときに残された家族が、生活に困らないようにするほか、自分の老後に備える生命保険もあります。

医療保険

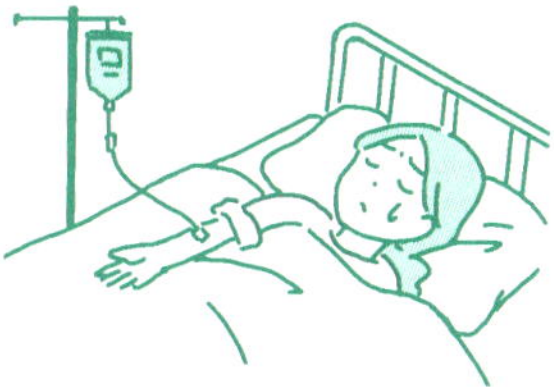

「医療保険」は、病気やケガで医療費がかかったときや、高齢になって介護が必要になった場合に備える保険です。ガンに備えるのが「ガン保険」です。

損害保険

交通事故、火事、水害などで人がケガをしたり、モノが壊れたりしたときに、その損害に備える保険。自動車保険、火災保険、地震保険など。

貯金と保険の違い

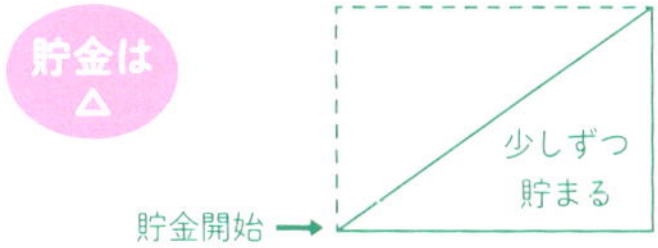
貯金は△
少しずつ
貯まる
貯金開始

少しずつ貯めていく預貯金は、三角形のかたちでふえていきます。もしなにかあったとき、まだ十分なお金が貯まっていない場合もあります。

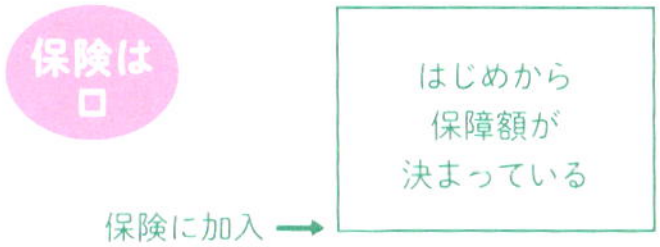
保険は□
はじめから
保障額が
決まっている
保険に加入

保険は加入した時点で、なにかあったときに受け取れるお金が決まっています。四角形のかたちでお金が保障されているということができます。

生命保険の基本

万が一に備える死亡保険とは？

定期保険

保険金額が変わらないタイプ

保険金額がだんだん減っていくタイプ

保険金額がだんだん増えていくタイプ

一定の期間内に死亡した場合にのみ死亡保険金が受け取れます。満期保険金はありません。保険金額が一定期間ごとに減少するタイプや、逆に増えていくタイプも。

メリット

- 終身保険より保険料が安く、加入時の年齢が若ければ若いほど、保険料は安くなります。
- 若いときに、安い保険料で大きな保障が得られます。

デメリット

- 一定期間内に死亡しなかった場合は、保険金や返戻金を受け取れないので、保険料はかけ捨てになります。

保険の基礎用語

契約者 保険会社と契約を結び、保険料を支払う義務がある人。

被保険者 その人の生死・病気・ケガなどが保険の対象となっている人。

受取人 保険金などを受け取る人。

主契約・特約 たとえば生命保険の場合は、主契約の死亡保障に特約として入院保障や介護保障をつけることができます。メインとオプションと考えるとわかりやすいかも。特約だけの契約はできません。

ということは、マニーを契約者兼被保険者にして、私を受取人にすれば、万が一のときには、私に保険金が入るってことね

サスペンスドラマの観すぎ！

終身保険

有期払込みタイプ

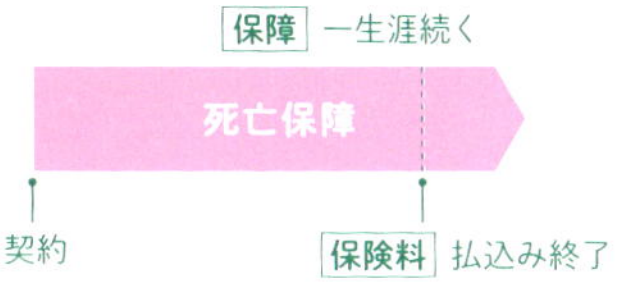
保障 一生涯続く
死亡保障
契約
保険料 払込み終了

終身払込みタイプ

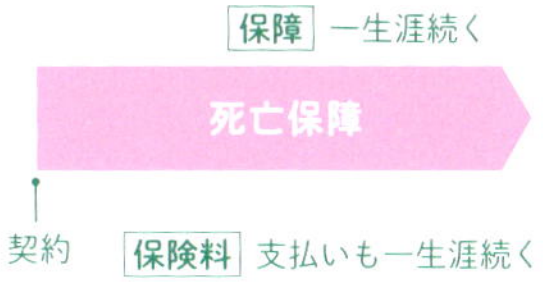
保障 一生涯続く
死亡保障
契約
保険料 支払いも一生涯続く

保障が一生涯続きます。保険料の払込みが一生続く「終身払込みタイプ」と、一定期間で終了する「有期払込みタイプ」があります。解約時に解約返戻金があり、かけ捨てにはなりません。終身保険で昭和末期から平成初期に契約したものは、利率が高いため貯蓄性が高く、“お宝保険”と呼ばれています。

メリット

- 保障が一生涯続きます。
- 保険料が変わりません。
- 保障を得ながら、老後のお金を積み立てることが可能です。
- 保険料がかけ捨てではなく、解約返戻金があるため、貯蓄性もあります。

デメリット

- 定期保険より保険料が高い。
- 保険料の払込み期間が終わる前に解約すると元本割れすることがあります。

定期付終身保険

更新型

定期保険特約の期間が、保険料の払い込み終了よりも短く設定されて、更新ごとに保険料が上がります。

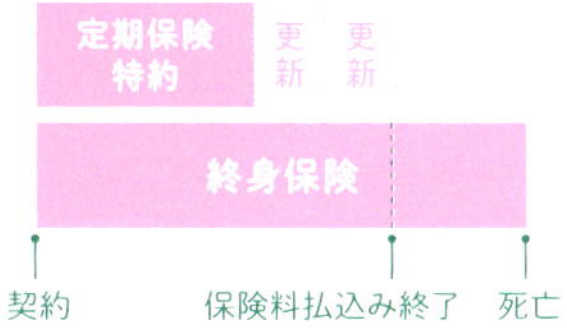
定期保険特約
更新
更新
終身保険
契約
保険料払込み終了
死亡

全期型

定期保険特約の期間は、終身保険の保険料の払い込み終了まで。全期間にわたり保険料は一定。

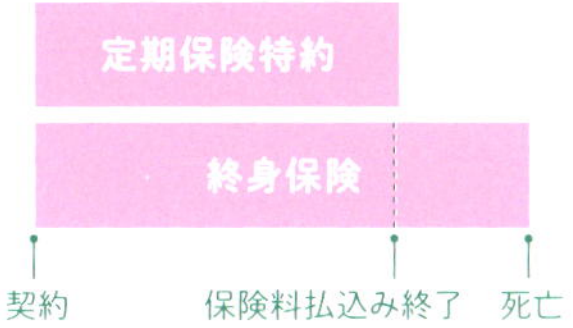
定期保険特約
終身保険
契約
保険料払込み終了
死亡

かつては生命保険といえばこれというほどの主力商品でした。一生涯保障される部分に、一定期間の保障を「特約」として組み合わせたもの。定期保険特約の保障期間には、「全期型」と「更新型」があります。

メリット

- 一定期間の保障が手厚くなっています。

デメリット

- 定期保険特約は、保障が終身保険部分の保険料の払込み終了と同時になくなり、保険料はかけ捨てになります。

医療保険の基本

〝転ばぬ先の杖〟はどこまで準備したらいいの？

医療保険はここをチェックして選びましょう。

☑ 入院給付金の日額をいくらにするか？

医療保険に加入する際に、まずチェックしたいのが「入院給付金」。差額ベッド代、食事代、衣類代など健康保険が適用されない費用を補うことができます。1日5000円～1万円が目安。

☑ 1回の入院で何日まで給付金を受け取れるか？

最近は医療技術が進み、入院期間が短くなっています。1入院あたりの限度日数は60日が主流。限度日数が長くなるほど保険料も高くなります。

☑ 「終身タイプ」か「定期タイプ」か？

保障が一生涯続く「終身タイプ」と、5年や10年など一定期間を保障する「定期タイプ」があります。

終身タイプは、保険料が契約時のまま変わらないというメリットがあり、若いときに加入するほど毎月の保険料が安くなります。それでも定期タイプよりは割高です。一生涯、保険料を払うのが負担という場合は、保険料は高くなりますが、払込み終了を定年までに設定することも可能。

定期タイプは、決められた保障期間が過ぎると、申し出がないかぎり自動更新されますが、更新のたびに保険料が上がります。その一方で、更新時に保険の見直しがしやすいというメリットがあり、自分のニーズに合った新しい保険商品に乗り換えることが可能です。

COLUMN

民間の保険に入る前に、公的保障をチェック！

一定額以上の医療費を負担してくれる「高額療養費制度」のほか、会社員や公務員の場合は加入している協会けんぽ、組合健保、共済組合から「傷病手当金」が支給される制度があります。（詳しくはP172、173へ）

先進医療＝優れた医療というわけではありません

病院や大学、研究機関などでは、日々、新しい医療技術が研究されています。そのなかで、ある程度の効果が期待できるとして、厚生労働省が一定の基準をもって承認したのが「先進医療」。公的な医療保険の適用については検討中の段階で、費用は全額自己負担になります。ただ、高額の先進医療を受けるケースはまれで、「先進医療特約」をつける場合には、そのことを認識することが大事です。

☑ 特約はなにをつけるのか？

女性疾病特約、ガン特約、生活習慣病特約、通院特約、先進医療特約……など特約はいろいろあります。心配になって、あれもこれもつけると当然、保険料は高くなります。特約で保障を上乗せするよりも、ベースとなる入院給付金や1入院の日数を充実させる方法も。

☑ 手術給付金はいくら？

手術給付金は、入院給付金の日額に手術の種類に応じた給付倍率（10倍、20倍、40倍など）をかけたものと、一律10万円というように定額にしたものがあります。給付倍率は契約書に記載されているので、確認しておくと安心です。

☑ ガンが心配なら「ガン保険」を検討しても？

「うちはガン家系だから、ガンが心配」という人は、医療保険ではなく、「ガン保険」を検討しても。①ガンと診断されたときに給付金が支払われる、②ガンで入院したら、入院給付金が入院初日から日数無制限で支払われるなど保障が充実しています。

☑ 「リビングニーズ特約」ってなに？

余命6カ月と診断された場合に、生前に死亡保険金の全額または一部が支払われます。特約保険料は不要。

事故で発生した損害をカバーして暮らしのリスクに対処

自動車保険は補償の優先順位が大事

優先順位★★★★

対人賠償保険・対物賠償保険 　無制限

相手を死傷させた場合の治療費や慰謝料などを補償する「対人賠償保険」と、相手のモノを壊した場合の修理費などを補償する「対物賠償保険」は無制限が原則です。

優先順位★★★☆

人身傷害保険 　3000～5000万円

自分や家族が自動車事故で死傷した場合に、補償が受けられます。契約車の事故に限らず、歩行中の事故も対象です。治療費の実費を示談が成立する前に受け取ることができます。また、治療費は保険会社が病院に直接支払うので、一時立替えの必要がありません。入院や治療で会社を休んだ場合の補償もしてくれます。

優先順位★★☆☆

車両保険

自分の車の修理代を補償します。新車やローンが残っている車はつけておくと安心です。コストを抑えるために、免責金額*を5～10万円くらいに設定することもできます。

*「免責金額」とは自己負担で払うこと。

優先順位★☆☆☆

搭乗者傷害保険

ドライバーを含めて契約車に乗っている人全員のケガや死亡に対して、あらかじめ決められた金額が支払われます。入院、通院の日数が5日以上になれば受け取ることが可能です。早く受け取れるというメリットはありますが、人身傷害保険に加入していれば、搭乗者保険は特に必要ないともいえるでしょう。

「火災保険」と「地震保険」は
セットで加入します

「火災保険」のPOINT

火災による建物や家財の損害を補償するほか、落雷や台風などの災害による損害や、消防活動による水漏れ損害などを補償します。保険によって補償の範囲が異なるので、契約前にチェックしておくと安心です。

「地震保険」のPOINT

地震保険は火災保険では補償されない地震、火山の噴火、これらによる津波を原因とする損害を補償します。「地震保険」単独では加入できず、一般的には「火災保険」とセットで加入します。すでに火災保険に加入している場合は、契約期間の中途からでも地震保険に加入可能です。

保険の結論

保険のかけすぎに注意！まずは、お金を貯めることが先決

キリ子さんのように貯金がないと、なにかあったときの不安感から保険を頼りがちだけど、保険のかけすぎは禁物。

保険料をたくさん払うより、貯金に回すお金をふやした方がいいってことね。

保険は安心を買うものだけど、安心代が高すぎて貯金ができないんじゃ本末転倒。貯金ができないかぎり、「お金がない」不安は解消されないのよね。

負のスパイラル

保険のかけすぎでお金が貯まらない

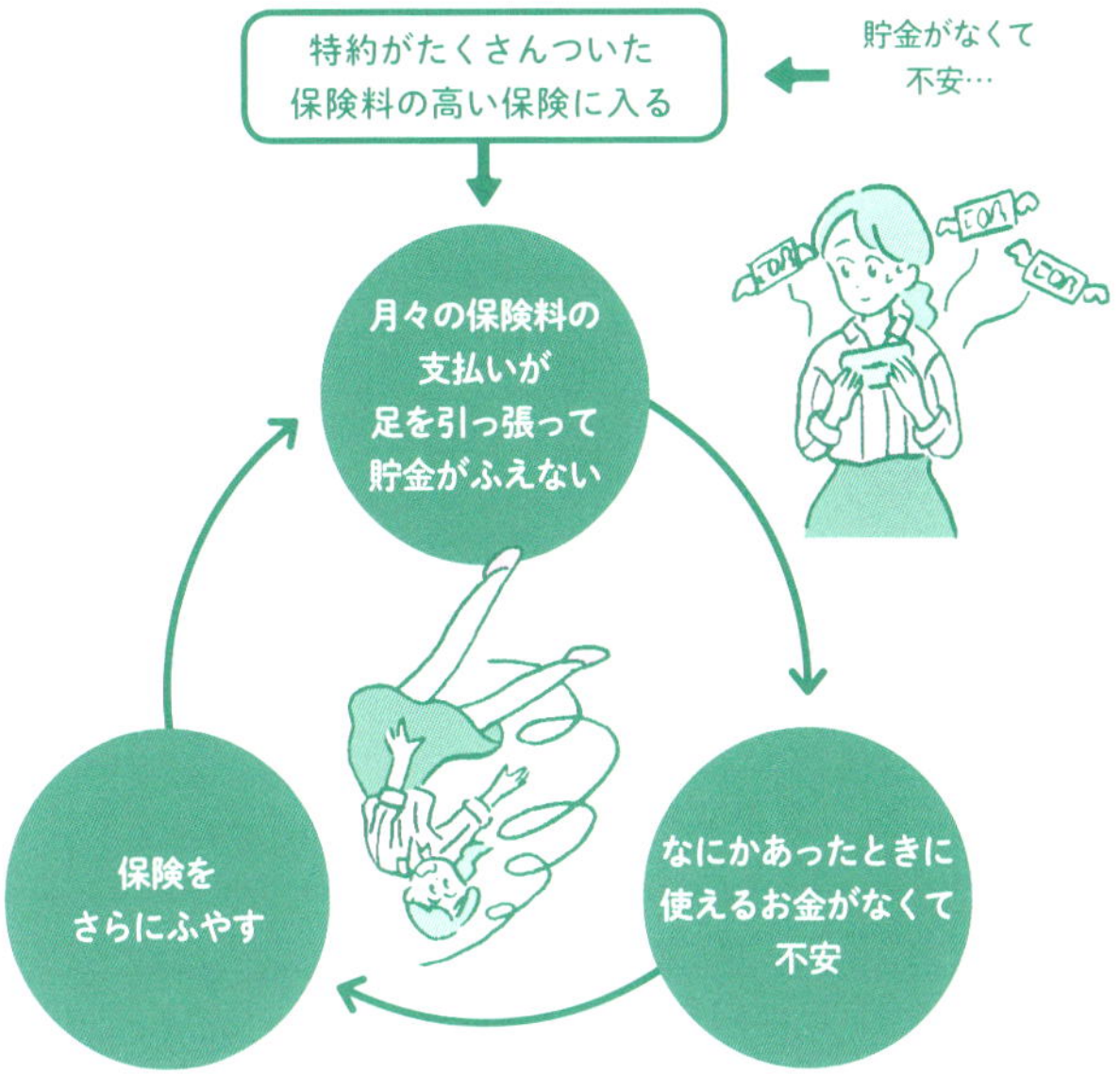
貯金がなくて
不安…
特約がたくさんついた
保険料の高い保険に入る
月々の保険料の
支払いが
足を引っ張って
貯金がふえない
なにかあったときに
使えるお金がなくて
不安
保険を
さらにふやす

正のスパイラル

貯金して自分で安心を確保する

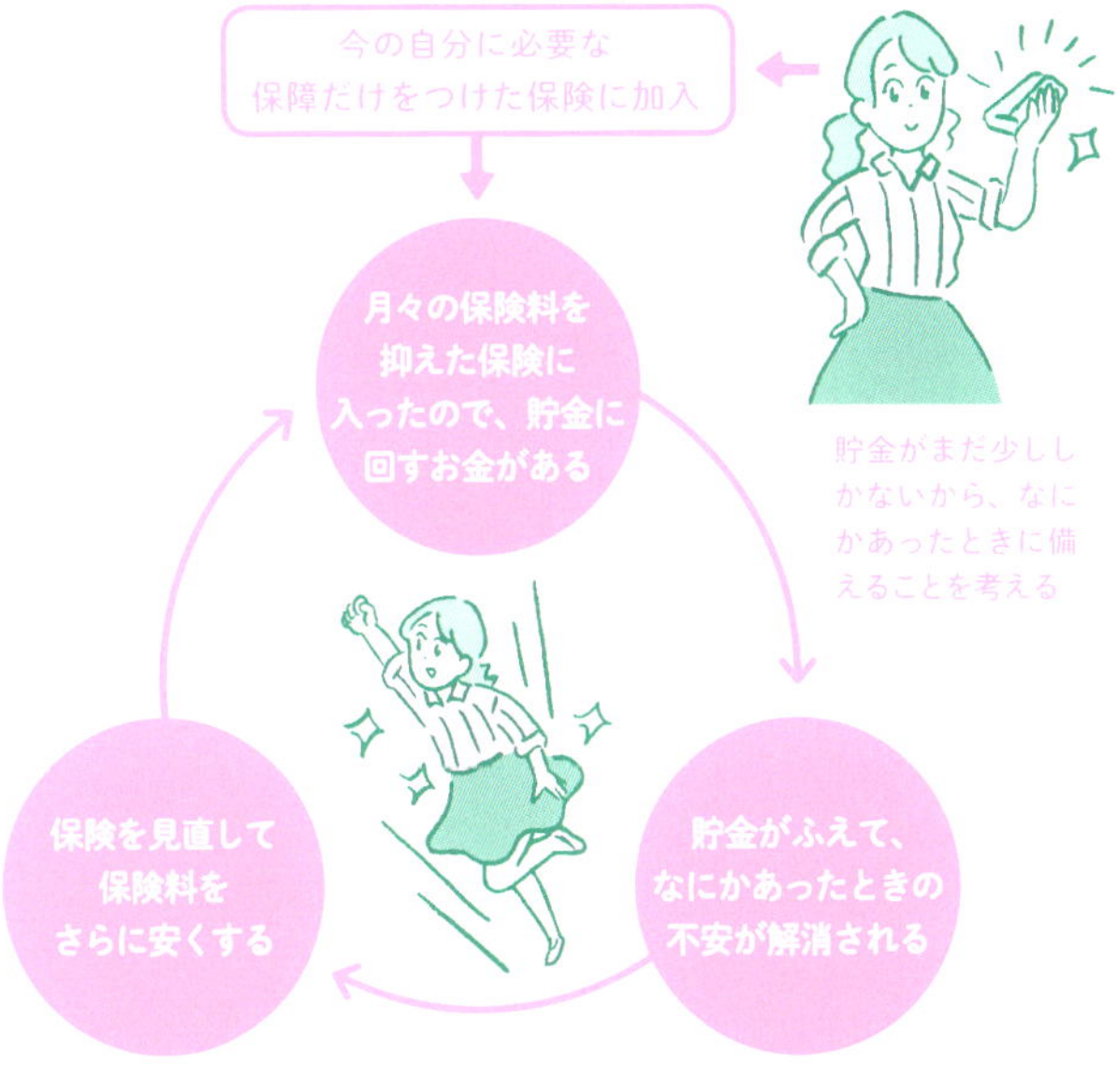
貯金がまだ少しし
かないから、なに
かあったときに備
えることを考える
今の自分に必要な
保障だけをつけた保険に加入
月々の保険料を
抑えた保険に
入ったので、貯金に
回すお金がある
貯金がふえて、
なにかあったときの
不安が解消される
保険を見直して
保険料を
さらに安くする

公的保障あれこれ

知らないと損！申請しないともらえないお金

高額療養費制度

1カ月間に払った医療費が、一定額を超えた場合に、その超えた分が健康保険から払い戻しされます。年収約370万円までの人なら、その月にかかった病院代や薬代が、たとえ100万円でも、自己負担するのは5万7600円まで。

また、加入している健康保険から事前に、「限度額適用認定証」を発行してもらえば、健康保険から病院に直接、高額療養費分が支払われるので、病院の窓口で払う金額は、自己負担の限度額までで済みます。

いくらもらえるの？

たとえば、年収約370万円までの人が、100万円の医療費で、窓口の負担（3割）が30万円かかる場合

医療費 100万円
自己負担の限度額
5万7600円＊
高額療養費として
払い戻される額
24万2400円
健康保険の自己負担 3割

＊「限度額適用認定証」を提示すれば、窓口で払うお金はこれだけで済みます。

さらに……

健康保険組合によっては、独自の「付加給付」を上乗せしているところもあり、自己負担額はさらに少なくなることも。

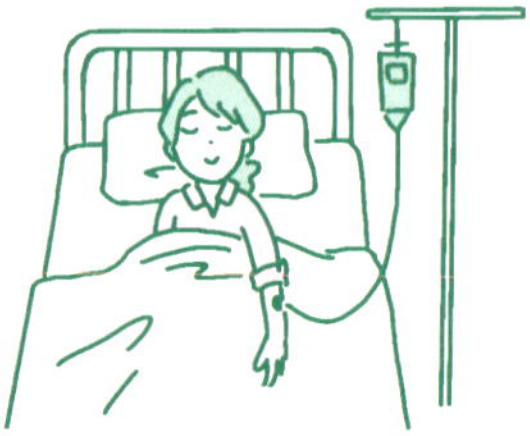

手続き　自分が加入している健康保険に申請します。

失業給付

雇用保険の加入者が、退職して再就職できないときにもらえます。ただし次の仕事を見つけるために就活する意思があり、すぐに就職できる状態にあることが条件です。手続開始から受給までには、7日間の待機期間があり、自己都合による退職の場合は、さらに3カ月間の給付制限期間があります。

いくらもらえるの？

離職前の6カ月間の給料の合計を180で割って算出した金額（賃金日額）の約50～80%×90～150日（自己都合による退職の場合）。

手続き　住所地を管轄するハローワークで「求職申込み」をして、「離職票」を提出します。

傷病手当金

仕事中以外の病気やケガで会社を休み、給料がもらえない場合、続けて休んで4日目からもらえます。同じ病気やケガで最長1年6カ月間。ちなみに、業務中や通勤途中での病気やケガは労災保険の給付対象となるので、労働基準監督署に相談を。

いくらもらえるの？

1日あたりの金額＝標準報酬日額×3分の2
たとえば、標準報酬日額1万円で、3カ月欠勤したら……
1万円×2/3×（92日－3日）＝59万3333円

手続き　勤務先の健康保険に申請。自営業者などが加入している国民健康保険は適用されません。

職業訓練受講給付金

失業給付を受給できない求職者が、ハローワークの支援により職業訓練を受講する場合にもらえます。

いくらもらえるの？

職業訓練を受講している間、「職業訓練受講手当」（月額10万円）と「通所手当」（上限額あり）が支給されます。

手続き　住所地を管轄するハローワークに申請します。

療養（補償）給付

労災保険による給付のひとつで、仕事中や通勤途中の病気やケガでもらえます。仕事中なら「療養補償給付」、通勤途中なら「療養給付」といいます。

いくらもらえるの？

治療のためにかかったお金全額。

手続き　「療養（補償）給付たる療養の給付請求書」を病院を経由して所轄の労働基準監督署長に提出します。

確定申告の基本

会社員でも確定申告すると払いすぎた分の税金が戻ってくる

確定申告が必要な会社員とは……

- □ 年収が2000万円を超える人
- □ 会社からの給料以外の所得が20万円を超える人
- □ 2カ所以上から給料をもらっている人

確定申告をした方がいい人とは……

- □ 年間の医療費が10万円を超えた人
- □ 初めて住宅ローン控除を受ける人
- □ アルバイト、パート、派遣社員、契約社員、嘱託社員などで年末調整を受けていない人
- □ 1年の途中で退職して年末までに再就職せず、年末調整を受けていない人

確定申告をすると税金が戻ってくる場合

会社が行なう年末調整では、「医療費控除」と「住宅ローン控除」は対象外なので、確定申告すると所得税の一部が戻ってきます。

住宅ローン控除

対象になる人は？

- 住宅ローンを組んでマイホームを購入したり、増改築をした人

いくら控除されるの？

- 住宅ローン控除額＝年末ローン残高の1%、上限40万円
  （認定長期優良住宅等は上限50万円）
- 住宅ローンを組んでから10年間のみ
- 10年間で最大400万円
  （認定長期優良住宅等は上限500万円）
  ＊居住開始が平成33年12月まで

たとえば、年末ローン残高1%が30万円で、その年に払った所得税が25万円なら、全額が戻り、差額の5万円は翌年の住民税から引かれます。

COLUMN

「所得控除」と「税額控除」

医療費控除は、所得額から一定額を控除して税額を計算する「所得控除」で、住宅ローン控除は、本来納めるべき所得税から直接、一定額を差し引く「税額控除」。税額控除の方がダイレクトでお得感があります。

医療費控除

対象になる人は？

- 1年間に支払った医療費の合計が10万円を超えた人
- 所得額200万円未満で医療費が所得額の5%を超えた人

いくら控除されるの？

控除額＝（実際に支払った医療費の合計額－保険金などで補てんされる金額＊）－10万円（所得額200万円未満の人は所得額×5%）
この金額分が所得から引かれて課税されるので、所得税が少なくなり、その分が還付されるというわけです。
＊出産育児一時金、高額療養費、生命保険や損害保険の保険金など

◎ 医療費として認められるもの（例）

治療	・病気やケガの治療代 ・治療のためのマッサージ代
薬	・医師の処方箋により薬局で買った薬 ・病気やケガの治療のために買った市販薬

× 医療費として認められないもの（例）

治療	・異常が見つからない場合の人間ドック費用や健康診断費用 ・予防接種費用 ・美容整形費用
薬	・健康増進や疲労回復のためのビタミン剤、サプリメント、漢方薬

給与明細の見方

支給額から差し引かれるお金をしっかりチェック！

総支給額 － **控除額** ＝ **差引支給額**

総支給額：税金や社会保険料などが引かれる前の、会社が実質的に払っている金額。

控除額：給与から差し引かれる分の金額。天引きになっている財形貯蓄、組合費、生命保険料なども引かれます。

差引支給額：給与振込口座に実際に振り込まれる金額。

給与明細の例

支給項目

① 基本給	② 職務手当	住宅手当	家族手当
200,000	20,000	0	0
時間外手当	通勤手当	③ 資格手当	
10,000	15,000	10,000	

控除項目

健康保険	⑤ 介護保険	⑦ 厚生年金	⑨ 雇用保険
10,000	0	25,000	2,000
④ 所得税	⑥ 住民税	⑧ 財形貯蓄	
5,000	9,000	10,000	

勤怠項目

勤務日数	時間外	休日出勤	欠勤日数
19	10	0	1
有給消化日数	有給残日数		
1	12		

支給項目

会社から支払われるお金の内訳です。

① 基本給

手当を除いた給料のベース部分。賃上げ交渉で「ベースアップ」というのは、この支給額を上げること。

② 職務手当

特別な技術や技能などを必要とする仕事をしている場合につく手当。

③ 資格手当

仕事に役立つ資格を取得している場合につく手当。

控除項目

給料から天引きされるお金の内訳。税金（所得税、住民税）と社会保険料（健康保険、介護保険、厚生年金、雇用保険）を差し引いた金額を、一般に「手取り」といいます。

④ 所得税

個人の所得にかかる税金。会社員の場合は、毎月の給与から概算額が源泉徴収され、年末調整で精算して、払いすぎた分は還付されます。

⑤ 介護保険

40歳以上の人が払います。保険料は、会社と本人が折半で負担します。

⑥ 住民税

前年の所得に基づいて算出され、その年の6月から翌年5月にかけて、毎月の給与から天引きされます。会社を辞めた場合、翌年が無職で無給でも、前年の所得に対して払うことになります。反対に前年、所得がない場合は住民税の負担はありません。

⑦ 厚生年金

厚生年金の保険料のなかに国民年金の分も含まれています。保険料は会社が半分負担しています。また保険料は、「標準報酬月額」×「保険料率」で計算されるので、たくさん給料をもらっている人ほど、保険料も高くなりますが、その分、老後に受け取る年金も多くなります。保険料率は年々上がり、2017年以降は18.3％に。

⑧ 財形貯蓄

会社に財形貯蓄制度がある場合は、給与天引きで貯めることができます。

⑨ 雇用保険

失業給付や職業訓練受講給付金などのために使われます。①1週間の所定労働時間が20時間以上、②1カ月以上、勤務する見込みになっている場合は、会社の規模に関係なく、原則的に雇用保険に加入することになります。

勤怠項目

出勤、欠勤、残業などその月の勤務状況です。時間外の勤務時間は給与に関係するのでしっかりチェック！

住宅ローンの基本

住宅ローンの返済方法、金利タイプって、なに？

返済方法はこの２種類

元利均等返済

月々の返済額（元金＋利息）が一定の返済方法。

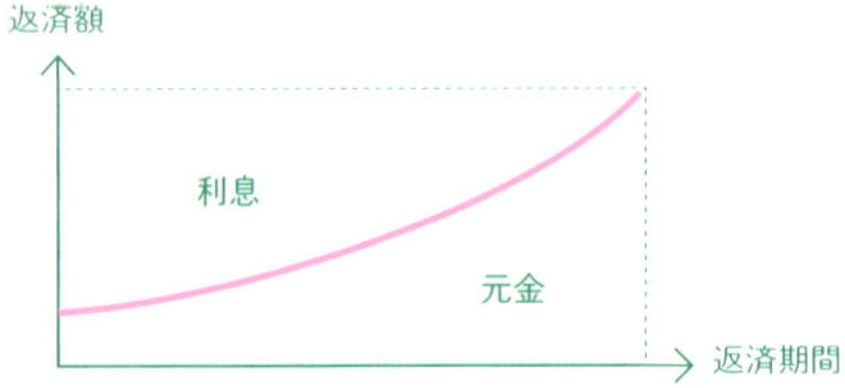

メリット

- 返済期間が同じなら、元金均等返済よりも月々の返済額が少なくなります。

デメリット

- はじめのうちは、ほとんど利息を払っていることになり、元金＝借りたお金の返済がなかなかすすみません。利息をたくさん払うことになるので、元金均等返済よりも総返済額が多くなります。

元金均等返済

月々の返済額のうち元金が占める部分が一定の返済方法。

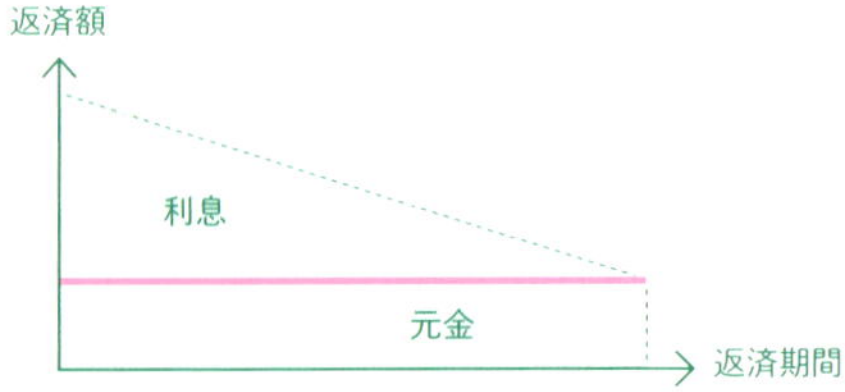

メリット

- 返済期間が同じなら、元利均等返済よりも総返済額が少なくなります。返済がすすむに従って、月々の返済額が減っていきます。

デメリット

- 最初のうちは、月々の返済額が多くなります。

金利タイプはこの3つ

固定金利型

契約時の金利が、返済終了までずっと適用されるローン。

メリット

住宅ローンを完済するまでには長い期間がかかりますが、その間、毎月の返済額が一定なので返済計画が立てやすくなります。また景気が回復して金利が上がった場合でも、返済額は変わりません。

デメリット

変動金利型よりも金利が高めに設定されています。景気の変動で市場の金利が下がった場合には、割高な金利で返済し続けることになります。

変動金利型

市場金利の変動に応じて金利が変わるローン。金融機関は半年ごとに金利の見直しをしますが、返済額は金利が変わるたびではなく、5年ごとに見直されます。見直し時に金利が上がっていて、返済額が上がる場合でも、直前の返済額の1.25倍が上限。

メリット

金利の上昇が見込めないときは、固定金利型よりも金利が低めに設定されているので、支払い利息を少なく抑えることができます。

デメリット

返済額が金利の変動に左右されるリスクがあります。金利が下がった場合はいいですが、上がった場合には返済額が増えることに。住宅ローンは金額が大きいので、わずかな金利の上昇でも利息にかなり影響します。

固定金利選択型

返済期間のはじめの一定期間は固定金利で、固定金利期間が終了したあとは、固定か変動を選択できるローン。最初の固定金利期間が長いものほど、金利が高めに設定されています。

メリット

金利が低いときに契約すれば、一定期間はその金利が適用されるので返済額を抑えられます。また固定金利期間が終了したあと、金利タイプを見直すことができるのも利点。

デメリット

固定期間終了後、金利が上がっていたら、その時点での金利が適用されます。金利が低いときに契約しても、全期間固定金利型のようにずっと適用されるわけではありません。

ローン返済で苦しまないために

ムリなく返済できる借入金は？

自分の家を持つなんて、
夢がふくらむな〜

ムリなく返済できるローンで買える家にしないと、借金に苦しむことになるわよ

あなたが買える家の値段は？

住宅資金 ＋ 住宅ローンの借入金 － 諸費用 ＝ 物件価格

ココに注意！

❗ 頭金を貯めてから

かつては住宅ローンで借りられる金額は、物件価格の8割までで、頭金を2割用意する必要がありました。つまり、それ以上借りると、先々の返済が苦しくなるということです。

❗ 諸費用もかかります

諸費用とは不動産の売買契約や取得にかかわる税金、ローン保証料、保険料、仲介手数料（中古住宅の場合）などで、契約から入居までに払う必要があります。その他、引っ越し代や新居用の家具、カーテン、照明などの費用もかかります。目安は物件価格の１割程度。

いくら借りられる？

今の家賃を目安にすると……

月々の返済額が今の家賃並みなら、ムリなく返済できそうに思えます。ただし、マンションの場合は管理費や修繕積立金、駐車場代などがかかるので、その分も考慮する必要があります。家賃からムリなく返済できる借入金の目安を左ページの表を参考にチェックして。

現在の家賃から借入金の目安を計算

現在の家賃	月々の返済額が家賃と同じ場合	月々の返済額を家賃より2万円減らす場合	月々の返済額を家賃より2万円増やす場合
7万円	2280万円	1630万円	2940万円
8万円	2610万円	1960万円	3260万円
9万円	2940万円	2280万円	3590万円
10万円	3260万円	2610万円	3920万円
11万円	3590万円	2940万円	4240万円
12万円	3920万円	3260万円	4570万円
13万円	4240万円	3590万円	4900万円
14万円	4570万円	3920万円	5220万円
15万円	4900万円	4240万円	5550万円

*住宅ローン金利1.5%、35年返済、元利均等、ボーナス時加算なしの条件で試算。年収等の条件により表記金額を借りられないケースもあり

出所：「不動産・住宅情報サイトSUUMO」HP「年収でわかるローンの目安と『買える金額』」

【総返済額を少なくするためのHINT】

月々の返済額だけではなく、総返済額を減らすことを考えることが大事です。

HINT 1

返済期間を短くする

借入金と金利が同じなら、返済期間を短く設定した方が総返済額は少なくなります。ただし短期間で返済するとなると、月々の返済額は多くなります。ムダ使いを減らしてローン返済に回すのはOKですが、ムリな節約はNG。バランスを見極めることが大事です。

HINT 2

頭金を多めに用意する

頭金を多めにすれば、その分、住宅ローンの借入金が少なくなります。親から援助してもらえる場合は、この際、甘えるという手も。貯金を全部使うのはNG。失業、減給、病気などのリスクに備えるためのお金は、ちゃんと確保しておくことが大切です。

HINT 3

繰上げ返済をする

「繰上げ返済」とは月々の決まった返済とは別に、まとまった金額を返済すること。返済金額はすべて元金の返済に充てられるので元金が減り、支払い利息を減らすことができます。結果、総返済額を少なく抑えることができます。

HINT 4

金利の低いローンを選択する

住宅ローンの借入金は金額が大きいので、金利が低いローンほど払う利息は少なくなります。ただし、変動金利型の低金利のローンを利用した場合、最初のうちは利息が抑えられても、今後の景気の変動で金利上昇のリスクがあることもお忘れなく。

繰上げ返済の基本

総返済額を減らすには繰上げ返済が効果大！

繰上げ返済には2つの方法があります

返済期間短縮型

月々の返済額を変えずに、返済期間を短縮する方法。ローン返済が早く終わります。短縮した期間の利息がカットされるので、総返済額を減らす効果が大きいです。

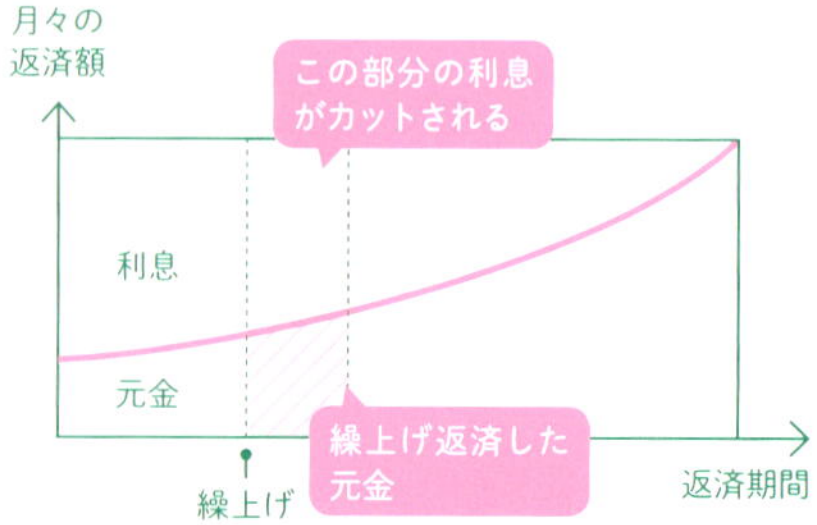

返済額軽減型

返済期間を変えずに、月々の返済額を減らす方法。利息軽減効果は「返済期間短縮型」よりも小さいですが、家計のほかの出費が増えて、返済が苦しくなったときなどに有効。変動金利型の住宅ローンを組んでいて、金利が上がった場合に、「返済額軽減型」の繰上げ返済をして、月々の返済額を抑えることもできます。

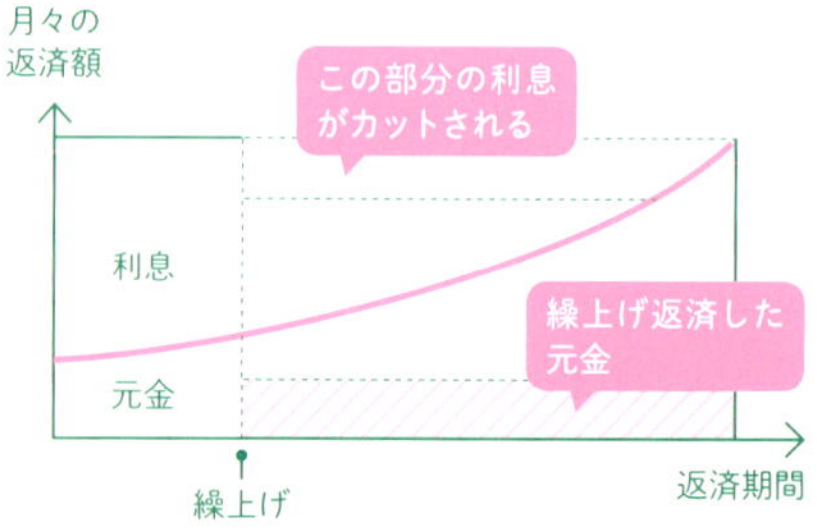

繰上げ返済のPOINT

POINT 1
繰上げ返済の効果

預金残高が貯まってきたり、ボーナスが出たときなど、まとまったお金ができたら、繰上げ返済して、住宅ローンの総返済額を減らす手があります。月々の返済は、元金（借りたお金）＋利息の返済に充てられますが、繰上げ返済の場合は、支払ったお金の全額が元金の返済に充てられます。つまり借りているお金自体が減ることになり、当然、その後の支払い利息が減るというわけです。

POINT 2
できるだけ早く

元金が減れば減るほど、支払う利息も減っていきます。住宅ローンの返済が始まったばかりのころは元金が多いので、それにかかる利息も多くなります。元金を早く減らして支払い利息を減らすには、早めに繰上げ返済することです。

POINT 3
“繰上げ返済貧乏”にご用心

「できるだけ早いうちに、1円でも多く返済する」を目指しすぎて、貯金をどんどんつぎ込むのはNG。給料が減ったり、病気やケガなどでお金が必要になったとき、頼りになるのはやはり貯金。なにかあったときに困らない程度の貯金はしっかり確保して、余剰のお金で繰上げ返済を。

POINT 4
手数料のことも考える

繰上げ返済するとき、手数料が必要になる場合があります。住宅ローンを組んでいる銀行によって、手数料の金額が違ってくるので要確認。繰上げ返済するたびに手数料がかかっていては、利息節約効果が減ってしまうので、ある程度まとまった金額で繰上げ返済した方がいい場合も。

住宅ローン控除の適用外になるケース

「返済期間短縮型」の繰上げ返済をして、これまで返済してきた期間と残りの返済期間を合わせた年数が10年未満になると、住宅ローン控除が適用されなくなるので要注意です。

住宅ローン控除が受けられません

これまでの返済期間 ＋ 残りの返済期間 ＝ 10年未満

コンビニATM手数料の基本

自分のお金をおろすのに手数料を払うのはもったいない

コンビニATMでお金をおろすときの手数料って、なんかもったいない気がする。

キリ子さん、よくそこに気づいたわね。
今どき、1万円を1年間、普通預金に預けても利息が0.1円しかつかないのに、1000倍以上の手数料を払っていることになるのよ。

ええっ！　手数料って割高！

手数料のかからないお金のおろし方を考えなくちゃね。

コンビニATMで お金をおろしたときにかかる手数料

自分の口座がある銀行キャッシュカード（3大メガバンクのカード）で、
コンビニATM*を利用してお金をおろした場合にかかる手数料をチェック！

三菱東京UFJ銀行のキャッシュカードの場合

	0:00〜8:45	8:45〜18:00	18:00〜24:00
月〜金	216円	108円	216円
土・日・祝日		216円	

【自行ATMの場合】

	0:00〜8:45	8:45〜21:00	21:00〜24:00
月〜日・祝日	108円	無料	108円

みずほ銀行のキャッシュカードの場合

	0:00〜8:00	8:00〜8:45	8:45〜18:00	18:00〜22:00	22:00〜24:00
月〜金	216円		108円	216円	
土			216円		利用不可
日	利用不可		216円		
祝日			216円		

【自行ATMの場合】

	0:00〜8:00	8:00〜8:45	8:45〜18:00	18:00〜22:00	22:00〜23:00	23:00〜24:00
月〜金	216円	108円	無料	108円		216円
土・日	216円		108円		利用不可	
祝日	216円		108円			216円

三井住友銀行のキャッシュカードの場合

	0:00〜8:45	8:45〜18:00	18:00〜24:00
月〜金	216円	108円	216円
土・日・祝日		216円	

【自行ATMの場合】

	0:00〜8:45	8:45〜18:00	18:00〜24:00
月〜金	108円	無料	108円
土・日・祝日		108円	

＊セブン銀行ATM、ローソンATM、E-netATM

3大メガバンクのATM手数料をタダにする優遇サービス

自分の預金口座から自分のお金をおろしているのに、
手数料を払うなんてもったいない！
優遇サービスを利用して手数料を0円にしましょう。

三菱東京UFJ銀行の場合

スーパー普通預金（メインバンクプラス）

「三菱東京UFJダイレクト」（インターネットバンキング）を申し込み、預金残高などの取引条件を満たすと優遇サービスが受けられます。

どんな優遇があるの？

たとえば、給与振込み、NISA口座での投信積立、預金残高30万円以上などのいずれかで、三菱東京UFJ銀行のATMの時間外手数料が無料、提携コンビニATM*の利用手数料が月3回まで無料。

みずほ銀行の場合

みずほマイレージクラブ

「みずほダイレクト」（インターネットバンキング）を申し込み、月末の預金残高の合計が30万円以上あるなどの取引条件を満たすと優遇サービスが受けられます。

どんな優遇があるの？

たとえば、「みずほマイレージクラブカード」（クレジットカード）または「みずほJCBデビット」の利用、給与振込みなどのいずれかで、みずほ銀行とイオン銀行ATMの時間外手数料が無料、提携コンビニATM*の利用手数料が月4回まで無料。

三井住友銀行の場合

SMBCポイントパック

「口座（残高別金利型普通預金）」と「インターネットバンキング（SMBCダイレクト）」を申し込むと、取引状況に応じて優遇サービスが受けられます。

どんな優遇があるの？

たとえば、給与振込み、預金残高30万円以上などのいずれかで、三井住友銀行ATMの時間外手数料が無料、提携コンビニATM*とゆうちょ銀行ATMの利用手数料が月4回まで無料。

＊セブン銀行ATM、ローソンATM、E-netATM

主なネットバンクのコンビニATMの利用手数料をチェック

ネットバンクはメガバンクよりも金利が高めに設定されています。
店舗をもたないので、無料で使えるコンビニATMを把握しておくことが肝です。

<table>
<tr><th></th><th>セブン銀行ATM</th><th>イオン銀行ATM</th><th>ローソンATM</th><th>E-net ATM</th></tr>
<tr><td>楽天銀行</td><td colspan="2">出金 216円
入金
3万円以上無料、3万円未満216円</td><td colspan="2">出金 270円
入金
3万円以上無料、3万円未満270円</td></tr>
<tr><td>セブン銀行</td><td>出金
午前7時～19時は無料、それ以外の時間帯は108円
入金 無料</td><td>出金
平日8時45分～18時は108円、それ以外の時間帯は216円
入金 使用不可</td><td colspan="2">ATMを管理している銀行によって使用の可否が異なる</td></tr>
<tr><td>イオン銀行</td><td>使用不可</td><td>出金 入金
無料</td><td colspan="2">出金 入金
平日8時45分～18時は108円、それ以外の時間帯は216円</td></tr>
<tr><td>ソニー銀行</td><td colspan="2">出金 入金
無料</td><td colspan="2">出金 月4回まで無料*
入金 無料</td></tr>
<tr><td>新生銀行</td><td colspan="4">出金 入金
無料</td></tr>
<tr><td>住信SBIネット銀行</td><td colspan="4">出金 取引状況に応じて月2～15回まで無料*
入金 無料</td></tr>
<tr><td>じぶん銀行</td><td>出金
月2回まで無料、さらに取引状況に応じて最大で月11回まで無料*
入金 無料</td><td>使用不可</td><td colspan="2">出金
月2回まで無料、さらに取引状況に応じて最大で月11回まで無料*
入金 無料</td></tr>
</table>

＊他の提携ATMの利用回数と合算で

相続のことを少し知っておく

自分に遺産を残してくれるのは誰？ いくら相続する？

まずは相続の基本をお勉強しましょう

Q1 相続とは？

「相続」とは、ある人が死亡したときに、死亡した人の財産（この場合の「財産」とは借金も含みます）を、残された配偶者や子ども、血縁者などが「相続人」となって受け継ぐことです。

Q2 法定相続人とは？

民法で定められている相続人を「法定相続人」といいます。法定相続人は、死亡した人の配偶者と一定の血縁者に限定され、相続の順位と相続分が決まっています。

Q3 遺言状って、どうやって書くの？

遺言者が遺言の全文を自筆で書き（パソコンは不可）、日付を明記し、署名押印した「自筆証書遺言」、遺言者の口述をもとに公証人が作成する「公正証書遺言」があります。「自筆証書遺言」は手軽ですが、書き方を間違えると無効になり、また開封には裁判所の検印が必要です。手間や費用がかかっても「公正証書遺言」のほうが確実。

Q4 法定相続人以外の人に財産を相続させたいときは？

法定相続人以外の人に財産を譲ることを書いた遺言書を作成する必要があります。遺言によって特定の人に財産を渡すことを「遺贈」といいます。

Q5 相続人になれない人とは？

- 婚姻届けを出していない事実婚の場合は、パートナーが亡くなっても遺された妻（夫）は相続人になれません。
- 子どもの配偶者は相続人になれません。たとえば、夫の父親をどんなに献身的に介護したとしても、嫁は相続人になれないということです。

Q6 戸籍上の子どもでなくても相続できる？

父親がその子を認知していれば相続できます。たとえば、その子の父親が死亡した場合、母親が死亡した父親と法律上の婚姻関係になくても、認知された子どもには、父親の戸籍上の子どもと同じ相続分があります。ただし、その子の母親は相続できません。

家族が死亡したときに受け取れる遺産は？

相続人と相続できる権利の割合は民法で決まっています。配偶者は必ず相続人になり、そのほかの相続の順位は第1順位「子ども」、第2順位「直系尊属」(両親、祖父母)、第3順位「きょうだい」です。死亡した人に子どもがいる場合には、直系尊続やきょうだいは相続人になりません。

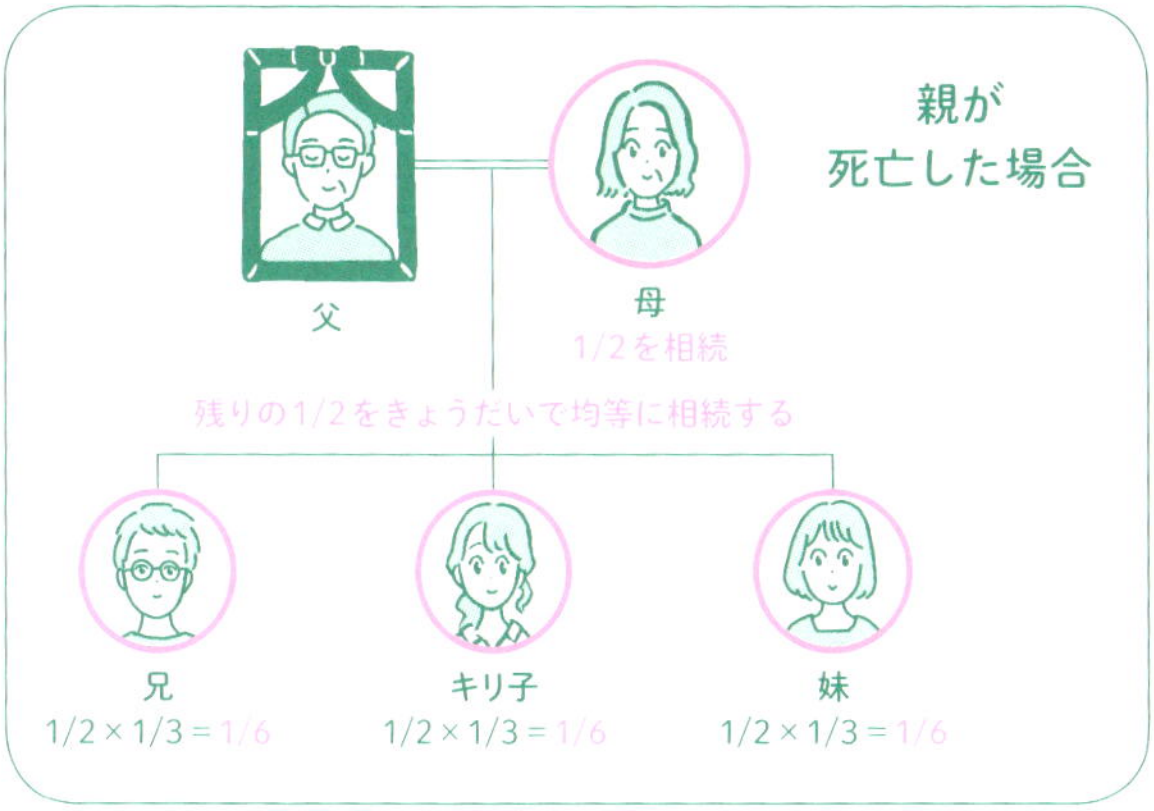
親が死亡した場合
父
母
1/2を相続
残りの1/2をきょうだいで均等に相続する
兄
1/2×1/3＝1/6
キリ子
1/2×1/3＝1/6
妹
1/2×1/3＝1/6

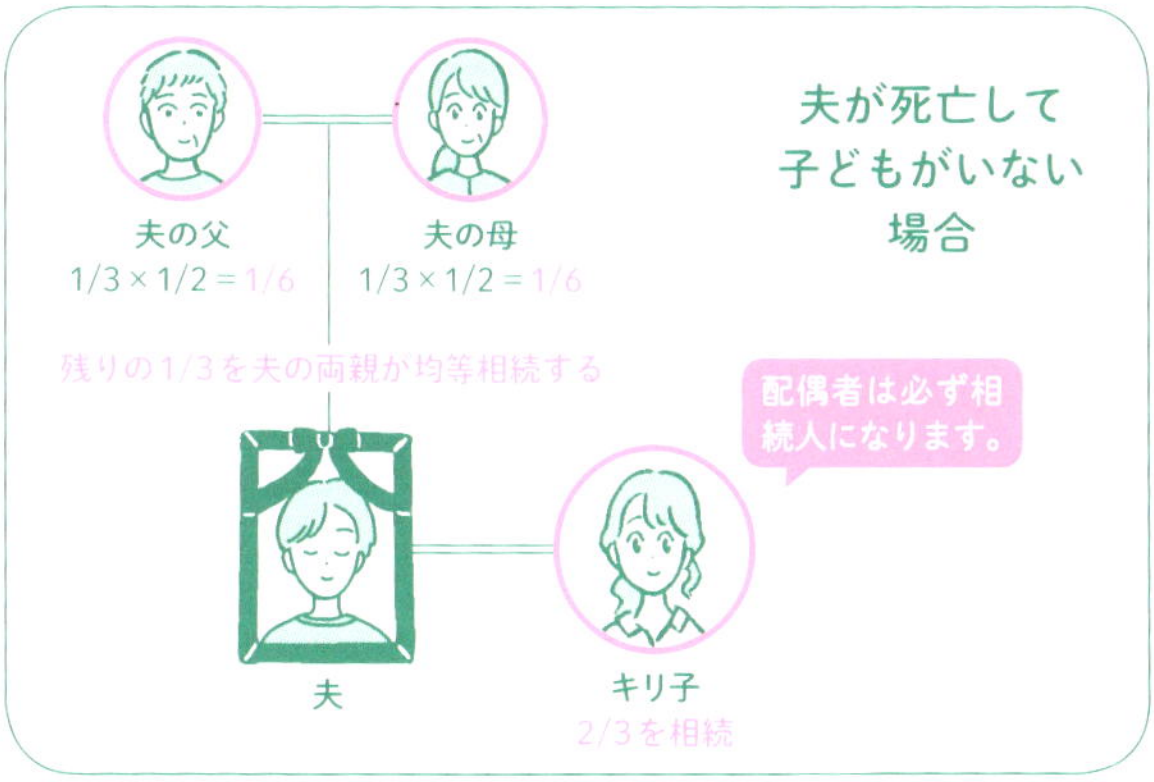
夫が死亡して子どもがいない場合
夫の父
1/3×1/2＝1/6
夫の母
1/3×1/2＝1/6
残りの1/3を夫の両親が均等相続する
配偶者は必ず相続人になります。
夫
キリ子
2/3を相続

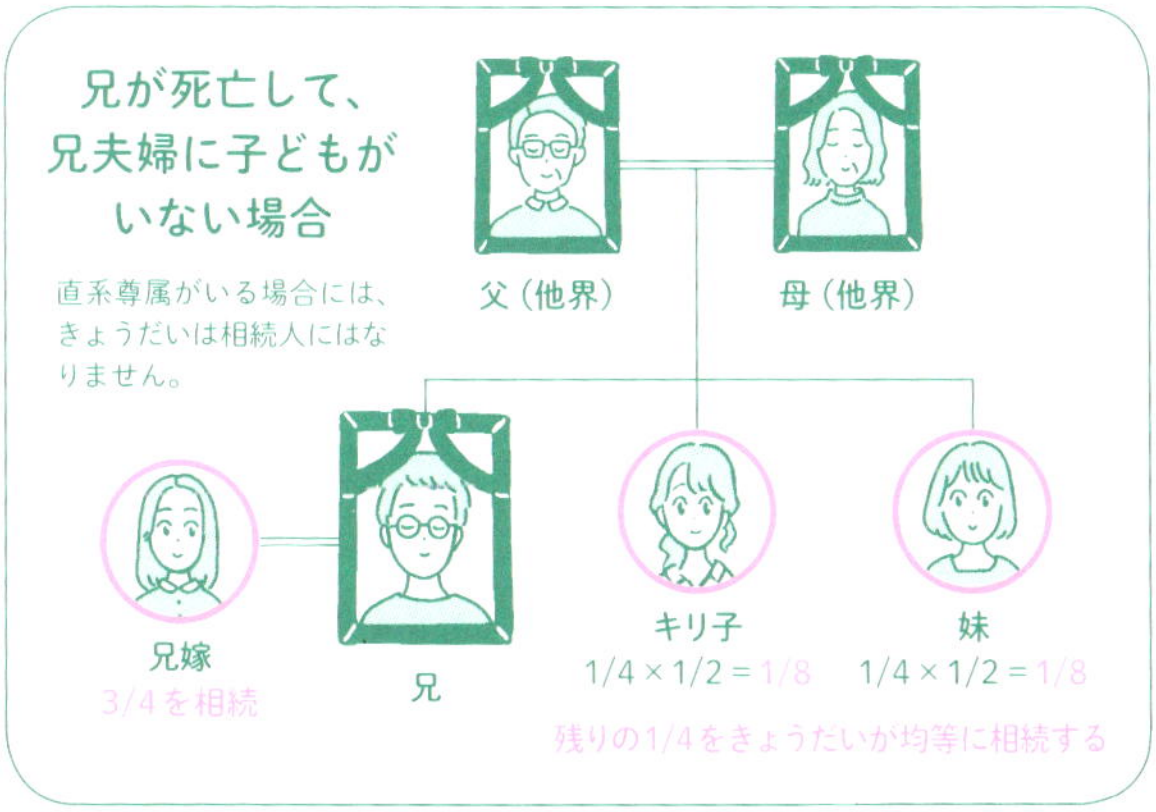
兄が死亡して、兄夫婦に子どもがいない場合
直系尊属がいる場合には、きょうだいは相続人にはなりません。
父（他界）
母（他界）
兄嫁
3/4を相続
兄
キリ子
1/4×1/2＝1/8
妹
1/4×1/2＝1/8
残りの1/4をきょうだいが均等に相続する

おつき合いのマネー

知らないと恥をかくかも。
おつき合いのマナー＆マネー

結婚祝い

結婚披露宴の招待状を受け取ったら、出欠にかかわらず、現金またはお祝いの品物を贈るのがマナー。披露宴に出席する場合は、お祝い金は、きょうだいには5～10万円、親戚には3～5万円、仕事関係や友人の場合は2～3万円が目安になります。お祝い金には新札を使用するのがマナーです。

出産祝い

赤ちゃんが生まれてから1カ月以内に贈るのがマナーですが、直接渡す場合には、母子が退院して少し落ち着いてからに。出産祝いの金額は仕事関係や友人なら5000円が目安。共通の友人が何人か集まって贈るのもいいアイデアです。品物を贈る場合、本人に聞いて希望の物を贈るのも手です。

入園・入学祝い

入園・入学のお祝いは、入園・入学式の2週間前までに贈るのがマナー。幼稚園や学校によっては、持ち物が決まっている場合があるので、学用品などの品物を贈るよりも、現金などの方が喜ばれるかも。図書カードも○。金額は、親戚の子どもなら1万円、友人の子どもなら5000円が目安。

お年玉

今までもらう側だったお年玉ですが、社会人になると渡す側に。お正月に帰省して、実家に親戚の子どもたちが集まる場合には、事前に用意しておくのが大人のマナーというものです。金額は、小学生には1000～5000円、中・高校生には5000円～1万円、大学生には1～3万円が相場。

お悔やみのお金

不祝儀袋は亡くなった人の宗教に合わせて用意します。仏式は「御霊前」、神式は「御榊料」「玉串料」、キリスト教は「御霊前」「御花料」が一般的。香典の金額は、親戚関係の場合は、血縁関係が濃いほど高額になります。親なら10万円、きょうだいなら5万円、祖父母やおじ・おばなら1万円が目安。仕事関係や友人などは5000円が相場。香典には新札を使わず、金額も「4」や「9」はタブーです。

お見舞い

お見舞いに行くときは、必ず事前に病状や様子を確認します。面会時間は10～15分、長くても30分が目安。大人数で行くのは、病人を疲れさせることになったり、ほかの入院患者さんにも迷惑になるのでNG。お見舞い品はお花が一般的ですが、花粉によるアレルギーなどもあるので「生花禁止」の病院もあります。そうかといって、鉢植えは「根がつく＝寝つく」を連想させるのでタブー。病人に食事制限がないようなら、お菓子などがいいかも。

＊金額の目安は『きちんと知っておきたい 大人の冠婚葬祭マナー新事典』（朝日新聞出版）より

お金のことを
もっと知ろう！

お金の知識がふえると未来が拓ける！

お金が貯まる言葉

金のなる木はないし、空からお金は降ってこない

貯め下手さんほど、夢みたいなことを考えて現実逃避しがち。現実の自分と向き合い、お金の使い方を見直すことが、貯まる生活への第一歩。

入るを量《はか》りて出《い》ずるを為《な》す

（いるをはかりていずるをなす）

収入がどれくらいかを計算してから、それに釣り合った支出の計画を立てるべきという格言。支出を収入の範囲内に収めないと、貯金は遠い〜！

稼ぐに追いつく貧乏なし

ムリな節約や投資に走るよりも、コツコツ地道に働いて、毎月決まった収入を確保することが、安定した家計につながります。また、できるだけ長く働いて収入を得ることが、老後のお金の不安を解消してくれるはず。

金を愛するだけではダメだ。金に愛されるようにならないと

18～19世紀に活躍したイギリスの銀行家の言葉。お金が欲しいと思っているだけでは、いつまで経っても貯金できません。貯めるにはどうしたらいいかを考えて、行動することが大事です。

金は天下の回り物

（かねはてんかのまわりもの）

お金は世の中を循環しています。今はお金がなくても、お金の使い方を見直すことで貯金できるようになるかも。また、貯めるだけではなく、賢く使うことで自分のところにお金がめぐってくるものです。

ローマは1日して成らず、100万円貯蓄も1日にして成らず

一朝一夕にはお金は貯まりません。でも考えようによっては、毎月少しずつでも貯金していれば、時間はかかっても、いつかは100万円に到達するということ。〝継続は力なり〟です。

金の言葉が使われている格言

時は金なり

「Time is Money」でも知られている有名な言葉。失ったお金は挽回できても、時間は取り戻せません。時間を有効に使うことは、お金を貯めることにも役立ちます。

金の切れ目が縁の切れ目

金銭で成り立っている関係は、お金がなくなってしまったら終わってしまうということ。友だち関係にお金を持ち込むと、ギクシャクすることもあるのでご用心。男女の仲にも当てはまります。

沈黙は金、雄弁は銀

よどみなく堂々と話せることも大事ですが、何も語らずに沈黙を守っていることが、むしろキラリと光ることも。余計なことを話すよりも、黙っていた方が存在感を示せることもあります。

一《いち》押《お》し二《に》金《かね》三《さん》男《おとこ》

女性にモテるには、まず押しが強いこと、次にお金があること、男前かどうかは三番めということ。イケメンでなくても、積極的にアプローチして、貯金があればモテるかも!?

金持ち喧嘩《けんか》せず

お金に余裕がある人は気持ちにもゆとりがあるから、つまらないことでケンカをしないし、人と争ってもいいことはないと知っているということ。反対に、お金がないと、もめごとが多いことも。

一銭を笑う者は一銭に泣く

わずかなお金を粗末にする者は、そのわずかなお金がなくて、泣くハメに遭うかもということ。反対に、小銭貯金でもコツコツ続ければ、やがて大きな金額になります。

金の字がつく四字熟語

【一攫千金】（いっかくせんきん）

「一攫」はひとつかみの意味。ひとつかみで、千金（大金）をつかむということから、一度に大きな利益を得ること。

【一諾千金】（いちだくせんきん）

一度、承諾したことは、千金にも換えがたい重みがあるということ。約束したことは必ず守るべきというたとえ。

【金科玉条】（きんかぎょくじょう）

「金」と「玉」は高価で大切なものを表します。「科」と「条」は法律や決まりのこと。つまり、重要な法律や自分の主張、立場を守るための絶対的なよりどころのこと。

【一刻千金】（いっこくせんきん）

わずかな時間が千金にも値すること。楽しい時間や大切な時間は、すぐに過ぎてしまうことを惜しむ表現。

【金甌無欠】（きんおうむけつ）

傷がひとつもない黄金の甌（かめ）のように完全で欠点がないこと。特に、国が強固で外国からの侵略を受けたことがないことのたとえ。

【金烏玉兎】（きんうぎょくと）

太陽と月のこと。「金烏」とは太陽には3本足の烏（カラス）がいるという伝説から太陽を、「玉兎」とは月には兎（ウサギ）が住むという伝説から月を意味します。転じて歳月や時間の意味。

【金襴緞子】（きんらんどんす）

金箔や金糸を織り込んだり、色とりどりの糸を使った豪華で贅沢な織物のこと。

金の字がつく三字熟語

【金輪際】（こんりんざい）

仏教用語で、大地の最下底のところ。大地がある金輪の一番下、水輪に接するところ。転じて、物事の極限、どこまでも、絶対という意味。

【金剛石】（こんごうせき）

仏教用語で「金剛」とは、堅くて破れないこと。転じて、鉱物で一番硬い、ダイヤモンドのことを指します。

【金無垢】（きんむく）

「無垢」とは混じりけがないことを意味し、「金無垢」とは不純物が含まれていない金、つまり純金のこと。

【金蓮歩】（きんれんぽ）

昔、中国の王が、妃に金製の蓮華の上を歩かせた故事から、美人のなよやかな歩き方を表すことば。

【金字塔】（きんじとう）

形が「金」の字に似ているところから、ピラミッドを指します。あるいは、後世まで残る立派な業績のこと。

【試金石】（しきんせき）

金などの貴金属の純度の鑑定に用いられる硬い石のこと。転じて、モノの価値や人の力量などを計る基準となる物事のこと。

【黄金比】（おうごんひ）

幾何学において「1：1.618…」として表される比。人間にとって最も美しい比率とされ、デザインなどに応用されています。

金ヘンの漢字集

【金】キン　コン　かね　かな

【針】シン　はり

【釘】テイ　チョウ　くぎ

【釜】フ　かま

【釵】サ　サイ　かんざし

【釧】セン　うでわ

【釣】チョウ　つ-り　つ-る

【鈍】ドン　トン　にぶ-い

【鈇】フ　おの

【鉛】エン　なまり

【鉤】コウ　ク　かぎ

【鉱】コウ　あらがね

【鉄】テツ　くろがね

【鉢】ハツ　ハチ

【鉋】ホウ　かんな

【鈴】レイ　リョウ　リン　すず

【銀】ギン　ゴン　しろがね

【銃】ジュウ　つつ

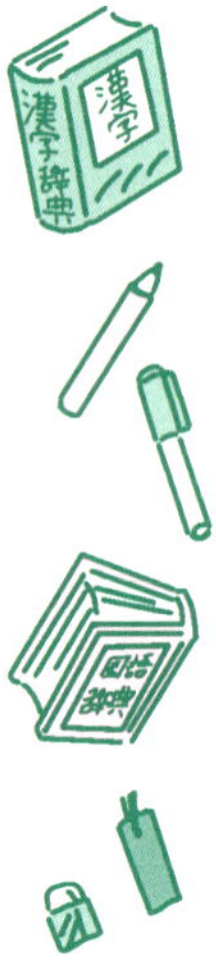

【銭】セン　ゼン　ぜに
【銅】ドウ　トウ　あかがね
【銘】メイ　ベイ　ミョウ　しる-す
【鋭】エイ　するど-い
【鋒】ホウ　ほこさき
【鋲】びょう
【錦】キン　にしき
【鋼】コウ　はがね
【錬】レン　ね-る
【録】リョク　ロク　しる-す
【鍋】カ　なべ
【鍍】ト　メッキ
【錨】ビョウ　いかり
【鎧】ガイ　カイ　よろい

【鎖】サ　くさり　とざ-す　さ-す
【鎮】チン　しず-める
【鎌】レン　かま
【鎹】かすがい
【鏡】ケイ　キョウ　かがみ
【鐘】ショウ　かね
【鐙】トウ　あぶみ　たかつき
【鐸】タク　すず
【鑓】やり
【鑑】カン　かがみ　かんが-みる
【鑢】リョ　ロ　やすり
【鑪】ロ　いろり
【鑼】ラ　どら
【鑾】ラン　すず

あとは、実行あるのみ……

貯められない女子だったキリ子がついに〝貯まる生活〟宣言!!

キリ子さん、エライわ。よくここまで頑張ってお勉強したわね。

自分で自分を褒めたい気持ちで〜す♪
今までだって、「お金が貯まればいいな〜」とは思っていたのよ。
でも、〝思っている〟だけじゃ、いつまで経っても貯まらないことが、
マニーと一緒に勉強していてわかったの。

そうそう、行動にうつさなくちゃね。

でもね、私みたいに貯め下手な女子は、
どこから、なにをどうしていいのかも、わからないのよ。

そうよね、世の中「ムダ使いをしよう」と思って
お金を使う人はいないから、
みんな、お金は大切に使いたいとは思っているのよね。

今回、自分のお金の使い方のムダがわかったし、貯め方も勉強した。
お金を貯めるための生活習慣もわかったし。

あとは実行あるのみ！
1年後、3年後、10年後のキリ子さんが楽しみだわ〜。

この本を最後まで読んでくださった皆さん、ありがとうございました。
一緒に〝貯まる生活〟を目指しましょうね！

参考文献

『みんなが欲しかった！
FPの教科書2級・AFP '16-'17年版』
（滝澤ななみ　TAC出版）

『綱渡り生活から抜けられない人のための
絶対！貯める方法』
（丸田潔ほか著　永岡書店）

『いつのまにかお金がなくなる人のための
今度こそ貯金ができる方法』
（丸田潔・村越克子ほか著　永岡書店）

『レタスクラブ お金の本 貯めトク！』
（角川SSコミュニケーションズ）

『Wanna！ ワンナ　2010年新春版』
（TVstation別冊 ダイヤモンド社）

『一生お金に困らない お金の貯めワザ
節約ワザ』
（日経WOMAN別冊 日経ホームマガジン 日経BP社）

『世界一やさしい！ お金の基本』
（丸山晴美著 e-MOOK steady.特別編集　宝島社）

『ひとり暮らしの賢い節約BOOK』
（主婦と生活社）

『子どもがいても、働いていても、
ズボラでもできる 忙しい人のための
家事をラクにする収納』
（梶ヶ谷陽子著　エクスナレッジ）

『家じゅうのモノがスッキリ片づく！
ズボラさんのための片づけ大事典』
（吉川永里子著　エクスナレッジ）

『心も整う「捨てる」ルールと「しまう」ルール』
（中山真由美著　集英社）

『誰でもスッキリ、きれいが続く！
「片づけ」革命』
（PHP増刊号 くらしラク～る♪編　PHP研究所）

『双葉社スーパームック
トクする冷蔵庫スッキリ活用術252』
（島本美由紀著　双葉社）

『いちばんおいしくできる　きほんの料理』
（大庭英子監修　朝日新聞出版）

『もっとおいしく、ながーく安心　食品の保存テク』
（徳江千代子監修　朝日新聞出版）

『もっとおいしく、料理の腕が上がる！
下ごしらえと調理テク』
（松本仲子監修　朝日新聞出版）

『エバラ焼肉のたれ 黄金の味 使いきりレシピ』
（学研パブリッシング）

『Dr.コパの大金運風水　2017年版』
（小林祥晃著　徳間書店）

『はじめよう！楽しい懸賞生活
～ハガキで当てるマル秘テク&懸賞の基礎知識』
（ぴろり著　白夜書房）

『もっともっと当てる！ 懸賞生活』
（ぴろり著　白夜書房）

『図解　給与明細のカラクリと
会社のオキテ［第3版］』
（落合孝裕著　秀和システム）

『めちゃくちゃわかるよ！　経済学』
（坪井賢一+ダイヤモンド社著　ダイヤモンド社）

『きちんと知っておきたい
大人の冠婚葬祭マナー新事典』
（岩下宣子監修　朝日新聞出版）

『旺文社漢和辞典 第五版』
（赤塚忠、阿部吉雄、遠藤哲夫、小和田顯 編 旺文社）

『四字熟語の読本』
（小学館）

『日経WOMAN soeur』
（2015年夏号 日経ウーマン 2015年6月号増刊
日経BP社）

『日経WOMAN』
（2017年1月号　日経BP社）

『からだにいいこと』
（2015年10月号　祥伝社）

『anan』
（2015年4月15日号　マガジンハウス）

『GINGER』
（2015年7月号　幻冬舎）

『サンキュ！』
（2013年3月号、2015年4月号、2016年3月号・
6月号　ベネッセコーポレーション）

参考HP

DODA　doda.jp/

厚生労働省　www.mhlw.go.jp/

ゼクシィ　zexy.net/

文部科学省　www.mext.go.jp/

日本政策金融公庫　www.jfc.go.jp/

SUUM（スーモ）　suumo.jp/

日本年金機構　www.nenkin.go.jp/

経済産業省　www.meti.go.jp/

キッコーマン　www.kikkoman.co.jp/

クックパッド　cookpad.com/

消費者庁　www.caa.go.jp/

一般社団法人　投資信託協会
www.toushin.or.jp/

セゾン投信　www.saison-am.co.jp/

楽天証券　www.rakuten-sec.co.jp/

SBI証券
www.sbisec.co.jp/

三菱UFJ国際投信
www.am.mufg.jp/

三井住友トラスト・アセットマネジメント
www.smtam.jp/

SMBC日興証券
www.smbcnikko.co.jp/

経済用語基礎辞典　1keizai.net/

ニッセイアセットマネジメント
www.nam.co.jp/

総務省統計局
www.stat.go.jp/

NIKKEI STYLE　style.nikkei.com/

公益財団法人　生命保険文化センター
www.jili.or.jp/

生命保険の基礎知識
monkeyinsurance.lillia.info/

アフラック　www.aflac.co.jp/

基礎から分かる自動車保険
www.omakase-hp.com/

ソニー損保
www.sonysonpo.co.jp/

財務省　www.mof.go.jp/

全国健康保険協会
www.kyoukaikenpo.or.jp/

よくわかる労災保険
www.y-rousai.net/

ハローワークインターネットサービス
www.hellowork.go.jp/

国税庁　www.nta.go.jp/

住宅金融支援機構 フラット35
flat35.com/

三菱東京UFJ銀行　www.bk.mufg.jp/

みずほ銀行　www.mizuhobank.co.jp/

三井住友銀行　www.smbc.co.jp/

楽天銀行　www.rakuten-bank.co.jp/

セブン銀行
www.sevenbank.co.jp/

イオン銀行　www.aeonbank.co.jp/

ソニー銀行　moneykit.net/

新生銀行　www.shinseibank.com/

住信SBIネット銀行　www.netbk.co.jp/

じぶん銀行　www.jibunbank.co.jp/

STAFF

構成・編集・執筆　村越克子

部分監修　有山典子（ファイナンシャルプランナー）

デザイン　菅谷真理子・髙橋朱里（マルサンカク）

イラスト　高橋由季

企画・編集　端香里（朝日新聞出版　生活・文化編集部）

貯《た》められない人《ひと》の家計管理《かけいかんり》

2017年9月30日　第1刷発行

編　著　朝日新聞出版

発行者　須田剛

発行所　朝日新聞出版

〒104-8011

東京都中央区築地5-3-2

電話（03）5541 - 8996（編集）

（03）5540 - 7793（販売）

印刷所　大日本印刷株式会社

© 2017 Asahi Shimbun Publications Inc.

Published in Japan by Asahi Shimbun Publications Inc.

ISBN　978-4-02-333172-3

定価はカバーに表示してあります。

落丁・乱丁の場合は弊社業務部（電話03 - 5540 - 7800）へご連絡ください。送料弊社負担にてお取り替えいたします。

本書および本書の付属物を無断で複写、複製（コピー）、引用することは著作権法上での例外を除き禁じられています。また代行業者等の第三者に依頼してスキャンやデジタル化することは、たとえ個人や家庭内の利用であっても一切認められておりません。